RÉPERTOIRE
DRAMATIQUE

DES AUTEURS CONTEMPORAINS.

N. 288.

Théâtre du Cirque-Olympique.

LES

ÉLÉPHANTS DE LA PAGODE,

PIÈCE EN TROIS ACTES A GRAND SPECTACLE.

50 CENTIMES

PARIS.

Chez l'ÉDITEUR du RÉPERTOIRE DRAMATIQUE ;
34, Boulevart du Temple,

Et chez TRESSE, successeur de J.-N. BARBA, Palais-Royal.

1845.

LES ÉLÉPHANTS

DE LA PAGODE,

PIÈCE EN 3 ACTES A GRAND SPECTACLE,

DE MM. V. DE SAINT-HILAIRE ET A. BOURGEOIS,

Représentée pour la première fois au théâtre national du Cirque-Olympique, le 9 décembre 1845.

Personnages.	*Acteurs.*
M. THOMAS, fabricant de babouches...............	M. DUPUIS.
CATHERINE, sa femme...............	Mme CLORINDE.
OMICHOUD, apprenti de Thomas...............	M. BOURDIER.
DJELMI, jeune prince Indien...............	M. DUCROW.
MADOURA, sa mère...............	Mme ÜSANNAZ.
NADIR...............	Mlle C. BRUNSWICK.
LE GRAND BRAMINE...............	M. PATONNELLE.
MISSOURI, ministre...............	M. HOSTER.
GAZY, gardien des femmes...............	M. THÉOL.
HISSEN, derviche...............	M. SALLERIN.
SAHAB, DEUXIÈME BRAMINE...............	M. ARNOLD.
TROISIÈME BRAMINE...............	M. MARTIN.

BRAMINES, GUERRIERS, BAYADÈRES, VEUVES, DANSEURS, JONGLEURS ET ESCLAVES NÈGRES.

La scène se passe à Nagpour, dans l'Inde, en 1740.

ACTE PREMIER.

Premier Tableau.

(Le théâtre représente une pagode souterraine; au troisième plan, la statue de Brama et un autel.)

SCÈNE I.

MADOURA, seule.

C'est bien ici que le saint derviche m'a dit de venir le trouver !.. Dans cette sombre pagode, nul ne pourra nous surprendre !.. Qu'ai-je à craindre, d'ailleurs... sous ces humbles vêtemens, qui pourrait reconnaître la veuve du noble Mohadir ?.. Quelqu'un vient ! c'est Hissen, sans doute !.. Que va-t-il m'apprendre ?..

SCÈNE II.

HISSEN, MADOURA.

HISSEN.

Salut à vous, veuve de Mohadir... salut à vous, mère de notre roi !..

MADOURA.

Hissen, oubliez ce que je fus, comme je l'oublie moi-même, et ne me parlez que de Djelmi, de mon fils ! Chaque jour, je regrette davantage d'avoir cédé à vos instances !.. Après avoir échappé, par miracle, aux poignards des assassins de Mohadir, pendant douze ans je vécus heureuse entre vous et mon fils ; condamnée à ne pas sortir de la profonde retraite où vous m'aviez cachée, je ne regrettais rien de ce monde, puisqu'il me restait mon Djelmi !.. Il y a six mois, vous êtes venu, et vous m'avez dit : L'usurpateur Holkar, le meurtrier de Mohadir, est frappé par le pouvoir invisible de Brama !.. Le sceptre qu'il eût été impossible d'arracher de sa main forte et terrible, va tomber de lui-même de cette main affaiblie par la douleur et bientôt glacée par le trépas !.. il faut, qu'à ce moment, le fils de Mohadir soit là pour ressaisir ce sceptre et remonter sur le trône de ses pères !.. En vain, je voulus combattre, résister, Djelmi, entraîné par vous, rentra dans le palais de Nagpour, où la mort était partout suspendue sur sa tête !.. Ce que j'ai souffert depuis six mois, Brama seul le sait, une mère seule peut le comprendre !.. Pourquoi m'avez-vous appelée ?.. Que s'est-il passé ?.. Que dois-je espérer ?.. Que dois-je craindre ?..

HISSEN.

Holkar est allé rendre compte à Brama du meurtre de Mohadir !..

MADOURA.

Il est mort !..

HISSEN.

Cette nuit ; et déjà le grand bramine, son complice, et Missouri, son ministre, s'apprêtent à se partager ses dépouilles !.. Mais leur coupable espoir sera trompé !.. Aux termes de notre sainte loi, et à défaut d'héritier direct, c'est au merveilleux instinct de l'Éléphant sacré, que le peuple de Nagpour remet le soin de désigner le nouveau souverain. C'est auprès de l'éléphant Kelly, c'est sous sa protection que j'ai, depuis six mois, placé votre fils !.. Et, tout-à-l'heure, quand le moment sera venu, pour Kelly, de donner la souveraine puissance, c'est à Djelmi qu'il remettra le sceptre, c'est Djelmy qu'il ramènera triomphant dans les murs de Nagpour !..

MADOURA.

Ah! je n'ose croire à ce que vous dites !..

HISSEN.

Ne doutez pas, Madame : l'esprit de Brama est descendu sur Kelly, il lui a donné l'intelligence de l'homme !.. Kelly se souvient encore de Mohadir ; Kelly n'a jamais voulu se laisser approcher par Holkar le meurtrier, et Djelmi, l'orphelin, est au contraire l'objet de sa plus tendre sollicitude ; il obéit à sa voix si douce, il se courbe sous sa main si faible !.. Croyez-en ma parole, Madame, croyez-en Brama !.. Kelly va faire votre fils roi de Nagpour ! Mais voici Djelmi lui-même, et son ami d'enfance, le jeune Nadir.

SCÈNE III.

LES MÊMES, DJELMI, NADIR.

(Djelmi entre pâle et défait, et va se jeter dans les bras de sa mère.)

MADOURA.

Djelmi, mon enfant, comme te voilà pâle et défait !.. Qu'est-il donc arrivé, grand Dieu !. (Djelmi exprime par ces gestes qu'il ne peut parler, mais que Nadir parlera pour lui, et il se jette de nouveau dans les bras de sa mère.) Que signifie ?

NADIR.

Hélas ! bonne Madoura, Brama nous abandonne... Kelly ne pourra plus rien pour vous, et Djelmi, mon pauvre Djelmi !..

MADOURA.

Achève donc... achève !..

NADIR.

Tout-à-l'heure, et sur l'ordre du grand bramine, chargé de la garde des éléphants de la pagode, Kelly avait été conduit vers le bois sacré ; il avait résisté d'abord à tous ses serviteurs, mais à la voix de Djelmi, il avait cédé !.. Oh !.. pourquoi lui a-t-il obéi ?.. pourquoi ne l'a-t-il pas repoussé comme les autres ?.. Arrivé au plus sombre du bois, Kelly sent tout-à-coup la terre manquer sous ses pieds... Un piège lui avait été tendu, sans doute ; un précipice l'engloutit !.. Djelmi avait été entraîné dans sa chute, et il allait périr aussi, lorsque, rassemblant le peu de forces qui lui restait, Kelly le soulève et le rejette sur le bord de cet abîme qu'il essaye en vain de franchir lui-même !.. Djelmi était là, près de moi, frappé de terreur... je pleure, j'appelle Kelly, mais il retombe dans l'abîme, et y reste sans mouvement et sans vie !..

MADOURA.

Juste ciel !.. Au moins tu m'es rendu, toi, mon Djelmi !.. Mais parle-moi donc, enfin, mon enfant, et remercie Brama avec ta pauvre mère !

NADIR.

Hélas ! il a voulu appeler et prier comme moi, sur le bord du précipice...

MADOURA.

Et bien ?

NADIR.

L'effroi, la douleur, sans doute... Djelmi ne pouvait plus prier... Djelmi ne priera plus !..

MADOURA, avec désespoir.

Ah !.. c'est horrible ! (Serrant Djelmi sur son cœur.) Mon pauvre enfant !.. Mais non, non, Brama ne l'aura pas sauvé à demi... Je le prierai tant, moi !.. Un jour, bientôt je l'espère, je pourrai entendre encore ta douce voix !.. Oh ! oui, oui, Brama me fera cette grâce !.. Mais viens, suis-moi.

HISSEN.

Que voulez-vous faire ?..

MADOURA.

Fuir loin de ce pays !..

HISSEN.

Attendez encore, croyez-moi... A l'extrémité de cette galerie souterraine est une issue dont Nadir connaît le secret... cette issue conduit à la forêt d'Iglou, et de là dans la grotte sainte de Beckanir ; c'est là qu'apparaît Witsnou, dans ses jours de colère, et nul n'oserait vous poursuivre dans cet antre redouté... Demeurez dans cette retraite, seulement jusqu'à ce soir... aucun danger ne pourra vous y atteindre !..

NADIR.

Hissen a raison, bonne Madoura.. Je vous guiderai tous deux.

MADOURA.

Vous le voulez, je vous obéis... Viens donc, mon enfant, et que Brama nous protège !..

(Elle sort à gauche avec Djelma et Nadir.)

HISSEN, seul.

Courons maintenant au bois sacré et voyons si tout espoir est désormais perdu !.. (Fausse sortie.) Je ne me trompe pas... deux hommes se dirigent de ce côté... l'un de ces hommes est le grand bramine et l'autre, Missouri, le ministre... Qui les amène ici ?.. Oh ! je le saurai !..

(Il se cache derrière un rocher.)

SCÈNE IV.

HISSEN caché, LE BRAMINE, MISSOURI.

MISSOURI.

Que viens-je d'apprendre ! Kelly, l'éléphant sacré n'est pas rentré dans la pagode ?..

LE BRAMINE.

Il n'y rentrera plus !..

MISSOURI.

Ah ! bah ! tu viens pourtant d'envoyer à sa recherche.

LE BRAMINE.

Certain que je suis qu'on ne le trouvera que mort.

MISSOURI.

Mort ! Kelly !.. Mais qu'allons-nous devenir ? A défaut d'héritier direct d'Holkar, et par suite de l'extinction de la race de Mohadir, c'était Kelly qui devait désigner le nouveau Rajah !.. Qui remplacera Kelly ?..

LE BRAMINE.

Zédha.

MISSOURI.

Ce jeune éléphant que ton crédit a fait admettre dans la pagode ?

LE BRAMINE.

Zédha ne compte-t-il pas parmi les éléphans sacrés, Zédha n'a-t-il pas la première place après Kelly ?

MISSOURI.

C'est vrai, il a obtenu un tour de faveur.

LE BRAMINE.

Ecoute bien, Missouri... Je subissais la puissance d'Holkar, mais je ne veux plus souffrir personne au-dessus de moi.

MISSOURI.

Cependant nos lois ne permettent pas qu'un ministre de Brama ceigne la couronne.

LE BRAMINE.

Aussi, ne tenterai-je pas de m'asseoir sur le trône ; mais je veux régner du fond de ma cellule... Il faut que le roi choisi, tout-à-l'heure, par Zédha, me doive sa fortune ; il faut qu'il s'engage à n'agir, à ne penser que par moi, son seul maître.

MISSOURI.

Je comprends.

LE BRAMINE.

Et ce rajah docile, j'ai décidé que ce serait toi.

MISSOURI.

Moi ? Oh !

LE BRAMINE.

Oui. On te sait ambitieux, mais on te croit incapable et pusillanime ; on te verra donc sans crainte t'emparer d'un sceptre qu'on te supposera trop faible pour porter longtemps.

MISSOURI.

Rajah de Nagpour, moi !..

LE BRAMINE.

Tu sais à quelles conditions tu peux l'être.... Les acceptes-tu ?

MISSOURI.

Certes !

LE BRAMINE.

Tu connais, comme moi, l'attachement profond que Kelly avait voué à Mohadir, tu as remarqué aussi l'instinct étrange qui lui faisait repousser les caresses d'Holkar et les miennes... Kelly était donc un obstacle à l'accomplissement de mes projets ; il a dû mourir pour faire place à Zédha, qui connaît ma voix comme Kelly connaissait la voix de Mohadir.

MISSOURI.

Brama lui-même t'inspire !..

LE BRAMINE.

On vient... ce sont les bramines et chefs des Rosillas... Dans une heure, tu seras souverain de Nagpour... mais, songe que ce que j'aurai fait, je saurais le défaire...

MISSOURI, à part.

C'est ce que nous verrons plus tard !..

SCÈNE V.

Les mêmes, Bramines, Chefs des Rosillas.

LE BRAMINE.

Serviteurs de Brama, vous savez quel nouveau malheur vient de nous frapper... Kelly, l'éléphant sacré a disparu de la pagode, et cependant nos lois ordonnent qu'avant le lever du soleil, le successeur d'Holkar soit désigné. Par mes ordres, Zédha, appelé à remplacer Kelly, va être amené... Le sceptre d'Holkar sera remis par lui au plus digne de succéder au noble maître que nous pleurons. Bramines, et vous, guerriers, donnez les ordres nécessaires, et que la cérémonie commence.

(A un signal donné, le tam-tam se fait entendre et appelle le peuple et les guerriers. Un cortège, composé de bramines et de femmes, précède et annonce l'éléphant Zédha. A son arrivée chacun se prosterne. Puis, sur un signe du bramine, on apporte un coffre d'or renfermant le sceptre).

LE BRAMINE.

Avant que Zédha vous fasse connaître votre souverain, rappelez-vous que son choix, quel qu'il soit, doit être respecté par nous... Rappelez-vous que c'est Brama lui-même qui va l'inspirer.

MISSOURI, bas.

Es-tu bien sûr qu'il ne va pas se tromper?.. Il paraît très intimidé, très ému...

LE BRAMINE.

Sois tranquille : il remettra le sceptre à celui qui sera à ma droite.

MISSOURI.

Je ne te quitte pas.

LE BRAMINE.

Placez le coffre d'or devant Zédha, il en va tirer le sceptre, et nous désigner le rajah de Nagpour.

(Au moment où on place le coffre devant Zédha, un grand bruit se fait entendre).

SCÈNE VI.

Les Mêmes, Hissen.

HISSEN.

Arrêtez!.. au nom de Brama, arrêtez tous!

LE BRAMINE.

Téméraire!

HISSEN.

Bramine, c'est à Kelly qu'appartient le droit de désigner le successeur d'Holkar, et Kelly, sauvé par Brama lui-même, Kelly sort du bois sacré!

TOUS.

Kelly!

LE BRAMINE.

C'est impossible!

HISSEN.

Regarde!

SCÈNE VII.

Les Mêmes, Kelly.

(Kelly entre en scène et repousse Zédha qui s'incline devant lui et se retire).

TOUS.

Kelly! c'est Kelly!..

LE BRAMINE.

Malheur!

MISSOURI.

Me voilà détrôné!

HISSEN, bas au bramine.

Ton abominable projet n'a pu s'accomplir, et ce n'est pas Missouri que Kelly choisira!... (Haut.) Peuple de Nagpour, c'est à présent que ton sort va se décider... Prions tous Brama de faire descendre sur Kelly un rayon de sa divine intelligence.

(Tout le monde s'agenouille autour de Kelly, qui s'agenouille aussi).

CHŒUR.

Brama, daigne entendre nos vœux,
Veille sur nous du haut des cieux!
En toi seul tout un peuple espère :
Daigne exaucer notre prière,
Et de Siva désarmer le courroux!
Qu'en ton nom Kelly nous désigne
Et le plus noble et le plus digne
De régner aujourd'hui sur nous.

HISSEN.

Bramine, le peuple attend ton ordre.

LE BRAMINE, à part.

Allons... il le faut! (Haut.) Kelly prends le sceptre dans le coffre d'or, et, au nom de Brama, donne-le au plus digne.

(Kelly ouvre le coffre, prend le sceptre et passe devant les chefs. Missouri sort de son rang et avance la main).

MISSOURI.

Essayons.

(Kelly, qui s'est arrêté un moment, passe devant Missouri).

MISSOURI, à part.

J'en étais sûr!.. Et on dit que ces animaux-là sont intelligens!

(Kelly élevant en l'air le sceptre, écarte tout sur son passage. Retrouvant Missouri, qui s'incline en avançant la main, il lui donne un coup du sceptre sur la tête et s'éloigne. — Tout le monde se précipite à la suite de Kelly).

Deuxième tableau.

Le théâtre représente une chaumière indienne. — Au fond est une porte et une petite fenêtre un peu élevée. — A gauche de l'acteur, une autre porte. — Dans la chaumière, un établissement de cordonnier de campagne. — Au fond, des pièces de maroquin sont accrochées au mur; on y voit aussi des babouches de différentes couleurs. — Cette habitation étant celle d'un Français, le mobilier doit-être à l'européenne.

SCÈNE I.

THOMAS, seul, Il va ouvrir le volet de la croisée, et y accroche la cage de la pie.

Ah! ah! déjà grand jour... Diable! j'ai dormi tard aujourd'hui... C'est beau, le ciel de l'Inde!.. oui, c'est bien beau; mais c'est égal, j'aime encore mieux mon vieux ciel gris de Paris... Dieu sait maintenant quand nous le reverrons... Ah! bah! travaillons toujours. (Il se place à la petite table.) Ici comme ailleurs, à chaque jour son pain... Où est donc mon tire-pied?.. Ah! le voilà... (Prenant une babouche.) Quelle façon vous a cette babouche!.. Ce ne sont pas ces imbéciles de savetiers indous qui vous en trousseraient comme ça!.. (Il travaille en chantant.) C'est singulier, je me sens là un tiraillement... Je ne sais pas ce que c'est, mais ça ressemble comme deux gouttes d'eau à une faim... de Boa! (Il appelle.) Catherine! (La pie saute et répète.) Tiens, la pie s'en mêle... T'as peur des tiraillemens aussi, ma pauvre fille?.. Patience, patience... Madame Thomas!.. (La pie répète encore.) Tiens, v'là ma soie qui casse... Je voudrais bien savoir ce qui retient mon apprenti Omichoud à Nagpour... Il se sera encore amusé peut-être à voir brûler quelque veuve... il aime ça, ce garçon... chacun son goût... Catherine!.. Je suis bien sûr que cette femme-là ne se brûlera jamais pour moi, par exemple!.. Voyez seulement si elle se dérange. (Il prend son tire-pied et va vers la porte.) Madame Thomas!

SCÈNE II.

THOMAS, CATHERINE.

CATHERINE.

Un instant donc, un instant, monsieur pressé!.. Voyons, qu'est-ce qu'il te faut!

THOMAS.

Il me faut à déjeuner, ma colombe.

CATHERINE.

A déjeuner; c'est ça, paresseux, gourmand!.. à peine levé, il faut que ça mange. Je crois, Dieu me pardonne, qu'il ouvre la bouche avant les yeux... Si c'est comme ça que tu comptes faire une bonne maison,. et gagner de quoi retourner à Paris!.. (Apportant la table.) Il me semble que tu aurais bien pu patienter jusqu'à l'arrivée d'Omichoud... Il n'a pas déjeuné non plus, ce garçon.

THOMAS, se mettant à table.

Et depuis quand un maître se gêne-t-il pour son apprenti?.. Prends-y garde, Catherine, tu t'occupes un peu trop du jeune Indou... Cela commence à m'offusquer.

CATHERINE.

Imbécile! Est-ce que tu serais jaloux, par hasard?

THOMAS.

Dame! quand on a un petit trésor de femme, comme toi... Vous ne mangez pas, ma tourterelle?

CATHERINE.

Je n'ai pas faim.

THOMAS.

A ton aise... Verse, alors. (Catherine lui verse à boire.) Le fait est que le jeune Indou se développe... On a le sang très chaud dans l'Inde... Enfin, je ne suis pas tranquille.

CATHERINE.

Sur quelle herbe avez-vous donc marché aujourd'hui, monsieur le mauvais plaisant?

THOMAS, lui prenant la taille.

C'est toi qui m'as mis de belle humeur, oiseau de Paradis!

CATHERINE.

Laissez-moi, vous êtes un monstre.

THOMAS.

Est-ce que tu me boudes, ma bichette?.. Eh bien! je t'aime beaucoup dans ces momens-là, je t'aime... Va donner à manger à la pie.

CATHERINE, séchement.

Elle en a...

THOMAS.

Alors donne-moi mon tabac, et pendant que je fumerai ma pipe, tu me liras ta lettre à notre sœur de la rue Mouffetard... As-tu écrit?..

CATHERINE.

Oui, j'ai écrit, monsieur j'ordonne... Ne dirait-on pas un sultan?

THOMAS, fumant.

Certainement, je suis ton sultan, ma mignonne sultane.

CATHERINE.

Vous ! laissez-moi donc tranquille.

THOMAS.

J'écoute, madame Thomas.

CATHERINE, lisant une lettre.

« Ma chère sœur, mon imbécile de mari...

THOMAS.

Plaît-il ?

CATHERINE.

Pardine ! faut-il pas que je me gêne avec ma sœur ?

THOMAS.

Mais c'est avec moi que tu ne te gênes pas... N'importe, continue.

CATHERINE.

« Mon imbécile...

THOMAS.

J'ai fort bien entendu, et je n'ai pas demandé bis.

CATHERINE.

« N'ayant pas trouvé à s'établir à Calcutta, où
» il espérait faire fortune, comme vous savez, a
» voulu partir avec une caravane pour une au-
» tre ville de ce damné pays. Nous nous som-
» mes donc mis en route, la pie, monsieur Tho-
» mas et moi, en compagnie d'une troupe de
» jongleurs et de trois belles femmes qui allaient
» se faire brûler plus loin, parce que c'est dé-
» fendu maintenant à Calcutta... Trois femmes
» superbes se brûler pour un seul homme, tan-
» dis que toute l'espèce...

THOMAS.

Hein ?

CATHERINE.

« Enfin, chacun prend son plaisir où il le
» trouve. Nous avions déjà fait pas mal de che-
» min, quand un beau soir, au milieu d'un bois,
» nous avons été attaqués et pris par une bande
» de brigands indigènes, qu'on appelle les Ro-
» sillas. J'ai vu le moment où deux de ces in-
» fâmes coquins allaient me manquer de res-
» pect.

THOMAS.

Allons donc, tu te flattes... Ils sont très auda-
cieux, certainement, mais...

CATHERINE.

Mais, quoi ?

THOMAS.

Va toujours.

CATHERINE.

« Arrivés près de la grande ville de Nagpour,
» un petit jongleur, nommé Omichoud, a eu
» pitié de nous, et nous a emmenés dans une
» vieille chaumière habitée autrefois par les Pa-
» rias. Voilà bientôt un an que nous y sommes
» avec notre petit sauveur, qui est bien gentil
» et qui fait des babouches avec le père Tho-
» mas, et va les vendre pour nous à la ville.
» Nous ne sommes pas heureux, mais nous vi-
» vons, et j'espère, Dieu aidant, que nous pour-
» rons bientôt aller vous embrasser dans votre
» vieille rue Mouffetard, avec laquelle nous
» sommes... etc. »

THOMAS.

Est-ce tout ?

CATHERINE.

Oui, c'est tout.

THOMAS, se levant.

Eh bien, il ne reste plus maintenant qu'à trouver un moyen de faire partir et arriver la lettre.

CATHERINE, emportant la table.

Oh ! Omichoud cherchera, et il finira par
trouver. Il est si adroit !... Ce n'est pas comme
vous, qui n'êtes bon à rien.

THOMAS.

Encore ; il paraît que tu me gardes rancune,
ma gentille bayadère... (La pie saute dans la cage
et crie : Omichoud ! Omichoud !) Tiens, voilà ton
protégé qui revient... Jacqueline l'annonce.

SCÈNE III.

Les Mêmes, OMICHOUD.

(Omichoud arrive lentement, les bras croisés et la tête baissée. Il s'arrête pensif, au milieu du théâtre.)

THOMAS.

Qu'est-ce qu'il a donc ?

CATHERINE.

Serait-il arrivé un malheur ?

OMICHOUD.

Oui, un grand malheur, à Nagpour.

CATHERINE.

Conte-nous ça bien vite.

THOMAS.

Conte-nous ça bien vite... Et il mourra de
faim, n'est-ce pas ?... Voyons, donne-lui à déjeuner.

OMICHOUD.

Non, Omichoud ne doit pas manger... Brama
l'ordonne ; le grand bramine l'a dit...

THOMAS.

Laisse-nous donc tranquilles. Brama ordonne
de manger quand on a faim...

CATHERINE.

Pourquoi le tourmenter ?... Il a sa croyance
comme nous, respecte-la.

OMICHOUD, tristement.

Brama a ordonné à Omichoud de cacher père Thomas quand les Rosillas voulaient le tuer avec bonne Catherine... et Omichoud a obéi avec plaisir.

CATHERINE.

Au fait, où en serions-nous, sans lui ?... Eh bien, garçon ! ce malheur ?

OMICHOUD.

Omichoud tremble encore quand il y pense.

THOMAS.

Nous allons peut-être trembler aussi... c'est égal, va toujours.

OMICHOUD.

La nuit dernière, le grand Siva a soufflé un orage sur Nagpour.

THOMAS.

Oui, le vent était sud-est... Où est donc ma soie rouge ?...

OMICHOUD, lui passant la soie.

Ici, dans la chaumière de Thomas, pas de sommeil... là-bas... dans le palais, au milieu de la tempête... mort !...

CATHERINE.

Miséricorde ! qui est-ce qui est mort ?

OMICHOUD.

Le rajah de Nagpour... Brama l'a rappelé.

THOMAS.

Oui, j'entends... et comme il ne se pressait peut-être pas assez, on l'a sans doute aidé à partir... comme le dernier... Soyez donc rajah !.. Merci, j'aime mieux faire des babouches...

(Un coup de vent fait tomber la cage de la pie et ferme violemment la fenêtre. Catherine pousse un cri. Le tonnerre gronde; on entend la grêle et le vent.)

THOMAS.

Qu'est-ce que c'est que ça ?

OMICHOUD.

Père Thomas ne veut pas croire, et Brama gronde...

(Les éclairs se succèdent rapidement. La porte est agitée par le vent, les arbres se brisent en dehors.)

CATHERINE.

Quel orage épouvantable !...

(Elle va fermer la fenêtre. Omichoud se prosterne.)

THOMAS.

Eh! eh !.. on n'y voit plus... Il paraît qu'en effet Brama se fâche tout de bon... Il me fera faire d'une babouche... c'est sûr...

CATHERINE.

Mais, tais-toi donc... tu nous feras arriver malheur... (On frappe à la porte.) Ah! mon Dieu !

THOMAS, effrayé à son tour.

Oh! oh! qui peut frapper ici ?

(On frappe de nouveau.)

CATHERINE.

On a découvert notre retraite... les Rosillas, peut-être... Nous sommes perdus !...

THOMAS.

Chut !...

CATHERINE, tremblante.

Faut-il ouvrir ?

THOMAS.

Es-tu folle ?.. Tant que Brama... Siva, etc... étaient seuls de la partie, ça m'était égal; mais si ces enragés de Rosillas s'en mêlent, c'est différent... Ils n'auraient qu'à te manquer tout-à-fait de respect, cette fois-ci !

MADOURA, en dehors.

Au nom de Brama, ouvrez...

CATHERINE.

Une voix de femme...

MADOURA.

Ayez pitié d'une pauvre mère...

THOMAS.

Tu as raison, ça ne peut être qu'une femme... ouvre donc bien vite.

SCÈNE IV.

LES MÊMES, MADOURA, DJELMI.

MADOURA.

L'orage nous poursuit, la fatigue nous accable... accordez-nous l'hospitalité.

CATHERINE.

De tout mon cœur, ma bonne dame.

MADOURA.

Vous n'êtes pas de ce pays ?

THOMAS.

Non, belle Indouse... je suis de Paris, rue Tiquetonne, n° 27 bis... Que je suis bête... elle ne connaît pas ce quartier-là... Je suis de France, département de la Seine... C'est plus clair.

MADOURA.

Des étrangers ! nous sommes sauvés... Êtes-vous les maîtres de cette habitation ?

THOMAS.

Oui, les maîtres, tant qu'on ne nous en chassera pas...

(Il va s'assurer à la porte que les nouveaux venus n'ont pas de suite.)

MADOURA.

Consentez donc à nous recevoir dans votre retraite : il y va de la vie, si nous sommes découverts... les jours de cet enfant sont surtout menacés...

CATHERINE.

Pauvre petit !

THOMAS.

Je vous préviens que vous ne serez pas ici dans un palais... les coussins de nos lits sont un peu durs, et la pitance est modeste... Thomas le cordonnier n'est pas riche... mais c'est égal, dans le peu qu'il a, il trouve encore la part de plus pauvre que lui.

MADOURA.

Excellent homme !

OMICHOUD.

Oui, oui, père Thomas n'a pas toujours bonne parole, mais toujours bon cœur !

THOMAS.

La cabane n'est pas grande... on se serrera ; quand les provisions seront courtes, on fera les morceaux plus petits... Tenez ; asséyez-vous là ; toi, Omichoud, va chercher quelques fruits dans le verger.

(Omichoud sort.)

CATHERINE, bas.

Regarde donc, Thomas, comme il est gentil, le petit...

THOMAS.

Pas mal ; mais j'étais encore mieux que ça à son âge.

CATHERINE.

Toi ?...

THOMAS.

Certainement, puisqu'on m'appelait le Chérubin de la rue Tiquetonne... Figure-toi une petite pelotte rose... c'était moi.

MADOURA, bas à Djelmi.

Ces chrétiens ne nous trahiront pas... Nous attendrons ici la nuit, et nous partirons ce soir, pour rejoindre Nadir au rendez-vous qu'Hissen nous a donné.

OMICHOUD, rentrant.

Voilà des fruits.

(On entend dans le lointain un appel de clairons.)

THOMAS.

Qu'est-ce que c'est que ça, encore ?.. Nous ne serons donc pas un instant tranquilles aujourd'hui... (A Omichoud qui écoute attentivement.) Que fais-tu là ?

OMICHOUD.

J'écoute.

THOMAS.

Je le vois bien... Mais qu'est-ce que tu entends ?

OMICHOUD.

Les Rosillas...

THOMAS.

Hein ?

CATHERINE.

Sainte Vierge !...

THOMAS.

Pour cette fois, nous y sommes !

MADOURA.

Viens, Djelmi, fuyons...

OMICHOUD.

Pas bouger... les Rosillas bien loin encore ; eux pas voir la cabane et avoir peur des arbres des Parias... eux pas venir ici, sans doute.

THOMAS.

Va t'en assurer, mon garçon, va, et reviens vite nous tirer d'inquiétude.

OMICHOUD.

Oui... père Thomas... Restez, vous autres... Pas peur, Catherine... (Allant à l'enfant qu'il caresse.) Pas peur, petit, les Rosillas tuer Omichoud avant d'arriver ici...

(Il sort en courant.)

SCÈNE V.

MADOURA, DJELMI, THOMAS, CATHERINE.

CATHERINE.

Ah ! si nous en réchappons encore cette fois, je ne reste pas un jour de plus.

MADOURA.

Ecoutez : un ami, un protecteur avait prévu ce danger, il m'a donné rendez-vous dans la grotte de Beckamir, près du torrent de Siva ; là nous serons en sûreté.

THOMAS.

Attendez donc, je connais ça, moi ! Omichoud m'y a conduit... Et, tenez, par cette porte on arrive à un petit sentier qui y mène tout droit... Il y a tout au plus une lieue, mesure de France, d'ici là, et une fois que nous y serons, comme vous dites, nous n'aurons plus rien à craindre... C'est notre coureur qui revient... Comme il a l'air effrayé...

(Omichoud arrive en courant, il ferme la porte et reste collé contre, tout haletant.)

SCÈNE VI.

Les Mêmes, OMICHOUD.

THOMAS.

Eh bien!..

OMICHOUD, essoufé.

Pas causer... vite partir.

THOMAS.

Ils viennent donc par ici?..

OMICHOUD.

Oui, tous!..

THOMAS.

Mais qui, enfin?..

OMICHOUD.

Les ennemis de bon père Thomas, les Rosillas, les bramines...

CATHERINE.

Mais qu'est-ce que cela signifie?..

OMICHOUD.

Je sais pas, mais partir vite, vite... Vous, Catherine. (A Madoura.) Toi aussi... Et moi, porter l'enfant pour passer la rivière... Venez... venez...

(Il fait signe aux deux femmes de le suivre.)

THOMAS.

Attendez-moi donc?..

OMICHOUD.

Non, vous rester encore un peu...

THOMAS.

Tout seul; allons donc...

OMICHOUD.

Rester pour fermer, amasser les provisions pour vivre là-bas... Les Rosillas encore un peu loin... (Montrant les femmes.) Elles pas bien courir, et moi tout de suite revenir ici... chercher père Thomas...

CATHERINE.

Il a raison... Comment ferions-nous sans provisions?.. Dépêche toi, mon bon Thomas...

THOMAS.

Laisse-moi donc tranquille, toi...

(Il ramasse à la hâte quelques objets.)

CATHERINE.

Si tu étais surpris tu pourrais te cacher dans la vieille citerne, il n'y a presque plus d'eau...

THOMAS.

Presque plus... Merci... je serais gentil là-dedans!..

(On entend de nouveau et plus près les appels de clairons.)

OMICHOUD.

Vite... vite...

(Il sort avec les deux femmes et l'enfant.)

SCÈNE VII.

THOMAS, seul; il met une barre à la porte.

Là... dépêchons-nous de faire quelques paquets... C'est la mort de leur Radjah, qui les met en révolution comme ça... Je crois que je n'oublie rien... Ah! et ma pauvre pie donc, qui m'a suivi de la rue Tiquetonne ici, je ne peux pas l'abandonner... elle nous aime tant, cette pauvre bête!.. et puis, quand par hasard ma femme se tait, ça fait toujours une compagnie...

(Il monte sur le petit banc pour décrocher la cage. — A ce moment, l'éléphant Kelly pousse la fenêtre avec sa trompe et laisse tomber le sceptre dans la cabane.)

THOMAS, laissant échapper la cage.

Ah! mon Dieu! qu'est-ce que c'est que ça?.. Je n'ai plus une goutte de sang dans les veines... (Les clairons font un nouvel appel tout près de la cabane.) Ah! ah! les voilà!.. (Il court à la porte de droite.) Plus moyen d'échapper, ils ont cerné la chaumière... (Refermant vivement la porte et courant du côté opposé.) Vite, à la citerne... je suis mort!..

(On frappe à la porte à coups redoublés, on entend le mouvement de la foule qui entoure la chaumière.)

SCÈNE VIII.

LE GRAND BRAMINE, MISSOURI, SAHAD, DEUXIÈME BRAMINE, BRAMINES inférieurs.

LE BRAMINE, en dehors.

Arrêtez!.. que pas un de vous ne pénètre dans cette enceinte avant que l'air en soit purifié... Retirez-vous, vous dis-je... ou craignez la colère de Brama... Vous, retenez Kelly... Vous, brisez cette porte!..

(On enfonce la porte, et le grand Bramine entre suivi de Missouri et de plusieurs autres bramines inférieurs. Ils portent chacun un rameau vert.)

LE BRAMINE.

Personne... Cherchez partout...

(Les autres bramines sortent par les deux portes latérales.)

MISSOURI, voyant le sceptre et le ramassant.

Que penser de tout cela?.. Ne serait-il pas temps d'annoncer au peuple que Kelly est frappé de vertige; il ne fait que des sottises depuis hier...

LE BRAMINE.

La crédulité de la foule nous est trop nécessaire pour la compromettre ainsi... Faillible su un seul point aux yeux de ces fanatiques, je le serais bientôt sur tous, et ma puissance s'écroulerait aussitôt... Le résultat des recherches que je fais faire dictera ma résolution... Elle peut varier selon le caractère et l'origine de l'habitant de cette cabane..., mais quoi que je dise, quoi que je fasse, songe à ne pas me démentir, il y va du succès ou de la ruine de nos projets.

MISSOURI, à part.

Voudrait-il déjà me sacrifier ?..

SCÈNE IX.

LES MÊMES, THOMAS, SAHAD, DEUXIÈME BRAMINE, et BRAMINES inférieurs.

(Sahab entre d'un côté avec quatre bramines et Thomas. De l'autre côté paraissent en même temps les autres bramines.)

SAHAB.

Nous n'avons trouvé que cet homme, caché dans une vieille citerne.

MISSOURI, au grand bramine.

Un étranger !..

(Le grand bramine lui fait signe de se taire.)

LE GRAND BRAMINE, aux autres.

Et vous, qu'avez-vous découvert ?

DEUXIÈME BRAMINE.

Rien, seigneur.

LE GRAND BRAMINE.

Il suffit. Laissez-nous, et gardez toutes les issues.

(Les bramines sortent.)

SCÈNE X.

LE GRAND BRAMINE, MISSOURI, THOMAS.

THOMAS, à part.

Qu'est-ce qu'ils vont faire de moi ?..

LE BRAMINE.

Approche... et si tu tiens à la vie...

THOMAS.

J'y tiens... par habitude, seigneur !

LE BRAMINE.

Tu répondras donc sans détour aux questions que je vais te faire.

THOMAS, tremblant.

Oui, seigneur !

LE BRAMINE.

Songe bien qu'on ne peut me tromper, que l'esprit de Brama m'éclaire.

THOMAS, à part.

S'il n'y a que Brama pour me démentir !..

LE BRAMINE.

Que dis-tu ?

THOMAS.

Je dis que vous devez être parfaitement éclairé, seigneur Bramine.

LE BRAMINE.

Ton pays ? ton nom ?

THOMAS.

La France, Thomas.

LE BRAMINE.

Que faisais-tu dans cette cabane ?

THOMAS.

Je travaillais pour vivre... et, tenez, seigneur, je crois reconnaître à vos pieds de mon ouvrage... Oui, c'est bien ça... comme c'est conditionné et comme ça vous chausse !.. Oh ! en fait de babouches, je ne crains personne.

LE BRAMINE.

Assez !..

MISSOURI.

Assez !

THOMAS, à part.

Dieu ! qu'il est laid, celui-là !

LE GRAND BRAMINE.

Depuis quand habites-tu ce pays ?

THOMAS.

Il y aura un an, vienne la Pentecôte.

LE BRAMINE.

Tu n'étais pas seul, sans doute ?

THOMAS, à part.

Aïe ! aïe ! pauvre Catherine !

MISSOURI.

On te demande si tu étais seul ?

THOMAS.

Oui... j'ai bien entendu.

LE BRAMINE.

Eh bien ?

MISSOURI, de l'autre côté.

Eh bien ?

THOMAS.

Seigneur, j'avais Catherine, ma femme... parce que... quand on a une femme... on est bien forcé de la garder.

LE BRAMINE.

Et puis ?

THOMAS.

Oh! je n'en avais qu'une... Chez nous, on trouve que c'est assez.

LE BRAMINE.

Mais n'y avait-il aucune autre personne avec cette femme?

THOMAS.

Faites excuse, il y avait encore mon apprenti... un garçon bien naïf et bien laborieux, et qui est incapable de faire du mal à personne, seigneur.

LE BRAMINE.

Où sont-ils, maintenant?

THOMAS.

Ils sont... partis...

LE BRAMINE.

Partis?

THOMAS.

Oui... depuis plus de huit jours, pour Calcutta, où je devais aller les rejoindre avec la première caravane. (A part.) Je les sauve au moins comme ça. Ils n'auront pas l'idée de courir après.

LE BRAMINE.

Et tu n'étais connu d'aucun habitant de Nâgpour?

THOMAS.

Non, seigneur. Naturellement, j'aime très peu la société, et puis ces enragés... non, je veux dire ces braves Indous ne nous auraient pas fait un bon parti, à nous autres Français.

LE BRAMINE.

C'est bien; éloigne-toi.

THOMAS.

Oui, seigneur.

(Il se retire dans le fond de la cabane.)

LE BRAMINE, à Missouri.

Cet homme est simple, inconnu du peuple, isolé dans le pays, trop timide pour essayer de s'affranchir de notre autorité; il pourra nous servir.

MISSOURI.

Quel est ton projet?

LE BRAMINE.

Tu vas le savoir.

(Il va à la porte, fait un signe à Sahab qui s'approche, et lui donne un ordre à voix basse.)

THOMAS, à part, pendant ce jeu.

Ils vont me brûler, c'est sûr... ils ne connaissent que ça, les malheureux!... C'est drôle, comme de penser au feu, ça me fait froid.

LE BRAMINE, à Sahab.

Vas, et que dans un instant tout soit prêt.

THOMAS, à part.

C'est ça, mon affaire est arrangée...

LE BRAMINE, revenant à Missouri.

Je te l'ai dit, Missouri, sur toute chose, aux yeux du peuple, il ne faut pas que Kelly se soit trompé. Ne perds pas un mot de ce que je vais dire à cet homme. Tu comprendras alors mon dessein, et tu jugeras toi-même que c'est le seul moyen de sortir du mauvais pas où nous sommes. (A Thomas.) Approche-toi.

THOMAS.

Oui, seigneur. (A part.) Je suis mort!

LE BRAMINE.

Tu auras la vie sauve.

THOMAS.

Vraiment!...

LE BRAMINE.

Mais écoute à quelles conditions.

THOMAS.

Oh! tout ce que vous voudrez!

LE BRAMINE.

D'abord, tu n'es pas Français.

THOMAS.

Je vous demande bien pardon, je suis de la paroisse Saint-Eustache, 4° arrondissement.

LE BRAMINE, sévèrement.

Tu n'es pas Français!

THOMAS.

Ah! bon, je comprends, c'est-à-dire vous ne voulez plus que je le sois. Bien, bien..... ça me va..... Je serai Indou, faquir, marabou... tout ce que vous voudrez.

LE BRAMINE.

Ecoute-moi sans m'interrompre, et grave bien dans ta pensée tout ce que tu vas entendre, un seul oubli te coûterait la tête!

THOMAS.

Oh! j'ai très bonne mémoire!

LE BRAMINE.

Silence! Tu es du plus noble sang de l'Indoustan, le seul rejeton de l'illustre Mohari. (Thomas répète le mot à voix basse.) Tu as été préservé par miracle de la ruine de ta race.

THOMAS.

Oui.

LE BRAMINE.

Et Kelly, l'éléphant sacré, t'a désigné comme le plus digne de succéder à Holkar-Rajah!

THOMAS.

Plaît-il? Je succède à quoi? à qui?

LE BRAMINE.

Au rajah de Nagpour.

THOMAS.

Celui que Brama a rappelé l'autre nuit? Merci ! Je succède à son bottier... à son baboucheur si on veut... mais à lui, du tout ! Brama s'occupe beaucoup trop des rajahs !

LA BRAMINE.

Aimes-tu mieux mourir ?

THOMAS.

Oh ! non, non ! A la rigueur, d'un trône, on en revient; au lieu que de la mort...

MISSOURI, bas au bramine.

Y songes-tu ?

LE BRAMINE, de même.

Écoute jusqu'au bout avant de blâmer. (Haut.) Esclave, tu seras rajah de Nagpour, notre souverain maître.

THOMAS.

Mais...

LE BRAMINE.

Je le veux !

THOMAS.

C'est différent, du moment que vous tenez absolument à ce que je sois votre maître, j'obéis. (A part.) Je rêve, bien sûr.

LE BRAMINE.

Aussitôt investi de l'autorité souveraine, tu nommeras Missouri ton premier ministre, et ton successeur à défaut d'héritier direct; il choisira les personnes qui doivent t'entourer; tu ne diras, tu ne feras rien sans le consulter. Il veillera sans cesse sur toi. Tu règneras enfin, mais Missouri gouvernera.

THOMAS.

Oh ! pour ça, très volontiers, il s'y entendra mieux que moi. S'il s'agissait de babouches, par exemple !...

LE BRAMINE.

Tu seras donc rajah, jusqu'à ce qu'il plaise à Brama de te rappeler à lui.

THOMAS, à part.

C'est ça, comme l'autre... On me fait déjà faire mon testament ! (Haut.) Dites-moi donc, bramine : pourquoi ne pas prendre tout de suite le seigneur Missouri?... ça m'irait mieux !

LE BRAMINE.

C'est impossible, puisque c'est toi que Kelly a désigné.

THOMAS, à part.

Qu'est-ce que je lui ai fait, à cet animal-là ?

LE BRAMINE, bas à Missouri.

Tu seras son successeur... Comprends-tu, maintenant ?

MISSOURI.

Oui.

THOMAS, à part.

Qu'est-ce qu'ils ont donc à parler bas ? il a une bien mauvaise physionomie, mon premier ministre !...

(Les bramines entrent avec le costume du rajah. Le grand bramine leur donne des ordres et les fait ranger dans le fond.)

LE BRAMINE.

On va te revêtir du khélat et te proclamer; tu seras conduit ensuite en triomphe à Nagpour.

THOMAS.

C'est très bien... mais ma femme ?

MISSOURI.

Tu en trouveras d'autres au palais.

THOMAS.

D'autres !.. Ça me changera... je ne dis pas non... mais vous savez, l'habitude... Puis-je emporter au moins ma pie ?

MISSOURI.

Y songes-tu? un animal impur !

THOMAS.

Ah ! c'est impur... Excusez, je ne savais pas...

(Les clairons se font entendre avec éclat. Grande fanfare. Les bramines entourent Thomas et lui mettent le costume complet de rajah. Pendant qu'on habille Thomas, l'éléphant paraît à la porte, et, comme elle est basse, il entre en se baissant).

THOMAS.

Ah ! mon Dieu ! qu'est-ce que c'est que ça ?

MISSOURI.

C'est Kelly qui vient rendre hommage à son nouveau maître.

THOMAS.

Il devrait attendre qu'on l'appelle, au moins.. C'est indiscret... il est mal élevé, cet éléphant-là..

MISSOURI.

Comment ! l'éléphant sacré ?

THOMAS.

C'est juste, c'est juste !

LE GRAND BRAMINE.

Bramines, que les trompettes retentissent !.. Annoncez au peuple le choix de l'éléphant sacré, et proclamez trois fois le sublime Mohari, rajah !

THOMAS.

Allons, il n'y a plus à en revenir !

MISSOURI.

C'est sur ce noble animal que tu dois faire ton entrée dans la ville.

THOMAS.

A la bonne heure! (L'éléphant s'incline et on fait monter Thomas sur sa riche housse.) Tiens, au fait, on n'est pas trop mal là-dessus.

LE BRAMINE, à Missouri.

Maintenant, donne l'ordre à tes guerriers de livrer cette chaumière aux flammes, aussitôt que nous l'aurons quittée! (Avec intention.) Il faut qu'il n'en reste aucun vestige.

MISSOURI.

Tu seras obéi.

(On entend au lointain une marche triomphale).

THOMAS, se baissant sur l'éléphant.

Un instant, un instant!.. seigneur Missouri, mon ministre... j'y tiens beaucoup, moi, à la cabane!

MISSOURI, bas.

Ne vas-tu pas avoir un palais?

THOMAS.

Sans doute, mais on ne sait pas ce qui peut arriver, et si le palais venait à me manquer, je ne serais pas fâché de retrouver la chaumière!

MISSOURI.

Brama ne le veut pas!

THOMAS.

C'est différent! Allons, me voilà rajah... mais ça me coûte déjà ma cabane, ma femme et ma pipe! Ah! ça, mais comment sortirons-nous d'ici, à présent?

MISSOURI.

Oh! Kelly saura bien s'ouvrir un passage.

(L'éléphant touche le fond de la cabane avec sa trompe; puis il se retourne, et en s'appuyant il fait tout écrouler.)

Troisième tableau.

(Un magnifique paysage. — Le peuple de Nagpour et les guerriers sont placés sur des collines en amphithéâtre. Ils portent, les uns des bannières, les autres des rameaux verts, d'autres des instrumens dorés. Le peuple crie : Vive Mohari! — Marche triomphale. Les bramines sont devant Kelly. Missouri le suit. Aussitôt qu'ils sont hors de la chaumière, le peuple agite ses étendards et ses rameaux verts, en criant de nouveau : Vive Mohari! vive Kelly! La lueur de l'incendie éclaire ce tableau.)

ACTE II.

Quatrième tableau.

(Le théâtre représente une salle du Palais du rajah. A gauche de riches coussins sur une estrade recouverte d'un tapis de cachemire. Au fond, une arcade fermée par une portière en tapisserie. A droite, au premier plan, une autre arcade, également fermée par une portière.)

SCÈNE I.

THOMAS, DEUX JEUNES FILLES, DEUX GARDES.

(Thomas est assis sur des coussins de l'Estrade, le menton appuyé sur ses deux mains ; les deux jeunes filles l'éventent avec des écrans de plumes. Les gardes sont en faction à la portière du fond, et se promènent extérieurement.)

THOMAS, aux jeunes filles qui lui chatouillent le nez avec leurs écrans.

Vous êtes bien gentilles, mes petites colombes, mais ce que vous faites là est un peu monotone... et puis ça me chatouille, et ça m'empêche de réfléchir.... Assez, assez... retirez-vous un peu.... il faut que je songe au bonheur de mon peuple. (Il se lève. Les petites filles se retirent dans le fond.) Mon peuple!... J'ai perdieu! dit mon peuple, et ça ne m'a pas gêné du tout.... A propos de mon peuple, je me suis occupé de lui. — Oui, j'ai fait une petite loi pour signaler mon avènement... (Il tire un rouleau de parchemin de sa ceinture, et y jette les yeux.) Eh! eh!.. je suis assez content de moi,... (Il lit.) « A tous les Indous et Indouses, qui les présentes verront, salut. » Voilà pour la forme... moi, d'abord, j'ai toujours tenu aux formes... Passons au fond. «Au nom de Brama, il est ordonné, sous peine »de mort, à mes affectionnés sujets de porter »tous les huit jours des babouches neuves et de »brûler les vieilles.» Il me semble que cette mesure-là doit mettre mon gouvernement sur un bon pied... Oh! là! esclaves... (Deux petits négrillons paraissent à la portière de droite.) Ma pipe! je veux fumer! (Les négrillons s'inclinent et sortent.) Que dirait ma pauvre Catherine, si elle voyait tout cela; dame, elle dirait comme moi, c'est un rêve... ce qui n'en est pas un, par exemple, c'est que je commence à avoir une faim de tous les diables... Pourvu qu'il ne leur prenne pas fantaisie de me faire jeûner comme ce pauvre Omichond.

(Un jeune Indou paraît portant une pipe sur un riche coussin, et met un genou en terre, pour la présenter à Thomas. Un négrillon porte un petit réchaud doré, un autre porte une superbe blague à tabac.)

SCÈNE II.

THOMAS, OMICHOUD, DEUX NÉGRILLONS.

THOMAS, reconnaissant Omichoud.

Qu'est-ce que je vois-là ?

OMICHOUD.

Chut !

(Il lui fait signe de renvoyer les négrillons.)

THOMAS.

Ah ! bon ! (Aux Négrillons.) Allez-vous-en, esclaves !.. (Aux jeunes filles.) Vous aussi, mes petites biches, vous pouvez vous retirer... et qu'on me serve à déjeuner le plutôt possible !.. Allez !

(Les petites filles et les négrillons sortent par l'arcade du fond, dont les portières se referment.)

OMICHOUD, sautant de joie.

Ah ! bon père Thomas ! bon père Thomas !

THOMAS, lui mettant la main sur la bouche.

Veux-tu bien te taire, malheureux, et ne pas m'appeler comme ça !.. si on t'entendait, on m'aurait bientôt... (Il fait le signe d'étrangler.) Je te prie même de ne pas seulement avoir l'air de me connaître.

OMICHOUD.

Oui, père Thomas.

THOMAS.

Encore !.. je te dis qu'il n'y a plus de père Thomas ici, que je suis le grand, le sublime Mahari.

OMICHOUD.

Oh ! oui, Omichoud le savait bien.

THOMAS.

Ah ! tu le savais ? Eh ! bien, alors, tâche de ne pas l'oublier... Voyons, ne parle pas trop haut, et dis-moi vite comment tu as fait pour parvenir j'usqu'ici ?

OMICHOUD.

Oui, père Tho... non... oui, Mohari... Omichoud revenait chercher son bon père Thomas à la chaumière... Tout brûlé, plus de chaumière, plus de père Thomas...

THOMAS.

Et plus de pie ! Pauvre bête !.. brûlée aussi, n'est-ce pas ?

OMICHOUD.

Oh ! oui.

THOMAS.

Comme une veuve, absolument... Après ?

OMICHOUD.

Après !... On a dit à Omichoud que sublime Mohari, trouvé par les bramines dans la chau-
mière brûlée... Alors, Omichoud deviné tout de suite que Mohari était bon père Thomas, qui, comme le grand Witsnou, s'était métamorphosé en cordonnier.

THOMAS.

Moi, métamorphosé !.. Écoute, mongarçon... c'est bon à dire pour les autres, ça... mais, entre nous, je ne suis toujours que le pauvre père Thomas.

OMICHOUD.

Non !

THOMAS.

Comment, non ?..

OMICHOUD.

Le grand bramine a parlé, faut croire le grand bramine.

THOMAS.

Imbécile, puisque je te dis... que je suis Thomas !

OMICHOUD.

Non, vous Mohari.

THOMAS.

Ah ! ça, mais je connais bien mon père, peut-être.

OMICHOUD.

Non.

THOMAS.

Non !.. Ah ! c'est trop fort !.. Mais je ne veux pas me disputer avec toi, car, quand une fois tu t'es fourré quelque chose dans la caboche, tu es presqu'aussi entêté que ma femme... A propos de ma femme, est-elle en sûreté, au moins, cette pauvre Catherine ?

OMICHOUD.

Oh ! oui, qui... dans la grotte de Beckanin avec petit Djelmi et Madoura.

THOMAS.

Ah ! Dieu soit loué !.. dès que nous pourrons nous sauver, nous irons les rejoindre... En attendant, explique-moi un peu comment tu es devenu mon porte-pipe ?

OMICHOUD.

Bien facile... Tous les serviteurs d'Olkar chassés comme impurs... Omichoud présenté lui au palais, prié beaucoup, et obtenir de servir bon Mohari.

THOMAS.

Eh ! bien, tu peux te flatter d'avoir eu là une fameuse idée... au moins, j'aurai quelqu'un à qui parler... Avec tous ces mamamouchis, je ne peux pas placer un mot, vois-tu.

OMICHOUD.

Mais toi, Mohari, leur maître à tous.

THOMAS.

Sans doute, je suis leur maître, à condition de faire toutes leurs volontés. Ainsi, mon garçon, fais y bien attention, ne vas pas bavarder.. ils te tueraient et moi aussi.

OMICHOUD.

Non, faut pas.

THOMAS.

Je crois bien qu'il ne faut pas!

OMICHOUD.

Père Thomas pas heureux donc d'être rajah?

THOMAS.

Oh! non, j'aimais bien mieux mon autre état... Tiens, à chaque instant, il me prend des démangeaisons, des crampes dans les bras... (Il fait le geste de tirer le fil.) Ecoute, petit, quand nous serons seuls et que nous aurons le temps, tu m'apporteras du maroquin, un bon tire-pied, et des alènes, nous fermerons bien les portes, et nous ferons des babouches.

OMICHOUD.

Rajah Mohari faire des babouches!

THOMAS.

Pourquoi pas? Tout ça ne peut pas durer, vois-tu bien, et en cas d'événement, je ne suis pas fâché de m'entretenir la main... j'ai même fait une petite loi à mon intention... Mais chut! on vient... c'est mon premier ministre... mon cauchemar...

(Omichoud se prosterne comme pour lui baiser les pieds.)

SCÈNE III.

LES MÊMES, MISSOURI.

MISSOURI.

Que fais-tu là, misérable? tu importunes le sublime rajah.

THOMAS.

Mais non.

MISSOURI.

Je suis convaincu qu'il doit t'importuner.

THOMAS.

Si vous en êtes sûr... Allons, mon garçon, mon ministre est sûr que tu m'importunes.

MISSOURI.

Relève-toi... Qu'osais-tu dire à notre puissant maître?

THOMAS.

Oh! je crois qu'il regardait mes babouches... il disait qu'elles n'étaient pas très bien cousues, et au fait, il a raison.

MISSOURI.

Qu'il s'en aille.

THOMAS.

Oui, c'est ça, va-t-en.

(Au moment où Omichoud s'éloigne, Thomas lui fait signe de revenir quand Missouri sera parti. Missouri se retourne, et Thomas fait semblant de se moucher.)

SCÈNE IV.

MISSOURI, THOMAS.

THOMAS, à part.

Dieu! que ce ministre-là me déplaît!

MISSOURI.

Rajah, je viens prendre tes ordres.

THOMAS, à part, avec ironie.

Mes ordres!

MISSOURI, avec impatience.

Je viens prendre tes ordres.

THOMAS.

J'entends bien, mes ordres... Eh bien! quels ordres voulez-vous que je vous donne, voyons?

MISSOURI.

D'abord celui de poursuivre et de mettre à mort le derviche Hissen, la jongleuse Madoura, et tous ceux qu'on surprendra près d'eux.

THOMAS.

Miséricorde! qu'ont-ils donc fait?

MISSOURI.

Ils veulent mettre à ta place un faux héritier du rajah Mobadir.

THOMAS.

Oh! si ce n'est que ma place qui les tente...

MISSOURI.

Tu dois la garder jusqu'à ce qu'il plaise à Brama de t'en retirer.

THOMAS, à part.

Quelle perspective!

MISSOURI.

Que dis-tu?

THOMAS.

Je dis qu'il sera peut-être bien difficile de les trouver.

MISSOURI.

Rien n'est difficile pour l'exécution de tes ordres.

THOMAS.

Ah! par exemple, je vous arrête là!.. il y a plus d'une heure que j'en ai donné un de la plus haute importance, et je n'en ai pas encore de nouvelles.

MISSOURI.

Qu'est-ce donc?

THOMAS.

J'ai ordonné qu'on me serve à déjeuner tout de suite, et rien n'arrive.

MISSOURI.

C'est que tes humbles esclaves n'ignorent pas qu'il y a grand jeûne en honneur de ton couronnement, et que tu dois à ton peuple, l'exemple de la tempérance.

THOMAS.

Je dois jeûner pour mon peuple.

MISSOURI.

Il n'en sera ainsi que pendant les huit premiers jours de ton règne.

THOMAS.

Huit jours de jeûne! (A part.) J'y suis, c'est de faim que ces coquins-là veulent me faire mourir!..

MISSOURI, entendant trois sons de cor.

Voici l'heure du Durbar, ton audience solennelle... Songe à bien t'observer, rappelle-toi ce que t'a dit le grand bramine, et que ta vie tient à ta discrétion.

THOMAS.

Soyez tranquille, je ne l'oublierai pas. (A part.) Décidément ce ministre-là est insupportable!

SCÈNE V.

LES MÊMES, CAZY, GUERRIERS et NÉGRILLONS.

THOMAS, à Missouri.

Qu'est-ce que c'est que ce petit vieux?

MISSOURI.

C'est le maître des bayadères et le gardien des femmes... Il se nomme Cazy.

THOMAS.

Cazy quoi?

CAZY, s'inclinant.

Cazy...

THOMAS.

Ah! très bien, Cazy... Au fait, le nom est bien approprié à la chose... Et bien! qu'est-ce que tu me veux?

CAZY.

Sublime rajah, je viens prendre tes ordres pour la cérémonie du bûcher.

THOMAS.

Quel bûcher?

CAZY.

Celui des douze veuves de ton prédécesseur.

THOMAS.

Comment! on va vraiment les brûler, ces pauvres veuves?

CAZY.

La loi le veut... si tu le permets.

THOMAS.

Si je le permets? J'ai donc le droit de l'empêcher? (Descendant de l'estrade.) Un instant, alors... éteignez le feu bien vite... je ne veux pas avoir douze femmes brûlées sur la conscience.

MISSOURI, vivement.

Tu ne peux cependant les sauver qu'à une condition que tu ne saurais remplir.

THOMAS, bas.

C'est donc bien difficile?

MISSOURI.

Il faudrait les épouser toi-même.

THOMAS.

Epouser les douze veuves!

MISSOURI.

J'étais bien sûr que ça t'effrayait. (A Cazy.) Va.

THOMAS.

Pauvres femmes!.. Attendez!.. (A part.) Au fait, Catherine ne le saura pas...

MISSOURI.

Tu hésites?

THOMAS.

Non, j'épouse... Eteignez le feu, et qu'on m'amène les veuves.

(Cazy sort pour exécuter cet ordre.)

MISSOURI.

Imprudent!

THOMAS.

Oui... je ne dis pas le contraire...

MISSOURI.

Assez.

THOMAS.

Oui, je crois que j'en aurai assez... par exemple!

SCÈNE VI.

LES MÊMES, LES DOUZE VEUVES voilées.

CAZY.

Rangez-vous là, veuves désolées, et inclinez-vous devant l'adorable maître qui vous appelle à lui.

(Elles s'inclinent.)

THOMAS.

Très bien.

MISSOURI.

Tu sais, rajah, que chacune de tes douze épouses aura droit d'être rajahde à son tour, pendant une lune entière.

THOMAS.

Soit.

MISSOURI.

Choisis.

THOMAS, à part.

Hé! hé! ça devient plus amusant. (Haut.) Qu'elles ôtent leur voile.

MISSOURI.

Tu n'ignores pas, rajah, que cela est impossible.

THOMAS.

Mais, cependant, pour choisir...

MISSOURI.

Il faut choisir sans voir. La loi l'ordonne.

THOMAS.

C'est absurde!

MISSOURI.

Si cela t'embarrasse trop, quelqu'un se chargera de choisir à ta place.

THOMAS.

Qui?

MISSOURI.

Celui-là qui a déjà fait tant pour toi.

(Missouri fait un signe.)

THOMAS.

Mais, qui donc?

MISSOURI.

L'éléphant sacré.

THOMAS.

L'éléphant!.. Du tout... je ne veux pas qu'il se mêle de mes affaires... il m'a joué déjà un assez vilain tour... Je ne veux pas.

MISSOURI, bas.

Et moi, je le veux.

THOMAS.

Ah!... si vous m'aviez dit ça tout de suite.

MISSOURI, haut.

Tu consens?

THOMAS.

Comment donc!... avec plaisir.

(Kelly paraît.)

MISSOURI, à Kelly.

Tu vas désigner l'épouse de ton nouveau maître.

THOMAS.

Parbleu! je suis curieux de voir comment il s'y prendra.

(Les veuves passent gracieusement l'une après l'autre devant l'éléphant.)

THOMAS, au moment où l'une passe devant Kelly.

Oh! le joli pied!.. Celle-là m'irait assez. (Kelly la laisse passer.) Allons, ce n'est pas celle-là que je choisis. (Enfin Kelly soulève le voile de la dernière.) Enfin, je vais donc voir ma lune de miel!.. (Apercevant une vieille femme.) Que vois-je! c'est une affreuse lune rousse!.. (Kelly vient prendre le mouchoir à tabac de Thomas, et le présente à la veuve.) Mon mouchoir!.. mon mouchoir!..

CAZY.

C'est le gage de ton consentement.

THOMAS.

Mais c'est un abus de confiance!... Cette vieille n'est pas la veuve du rajah, c'est sa grand'-mère.

MISSOURI.

Durant un mois, cette femme sera ta compagne inséparable.

THOMAS.

Est-il permis de choisir comme ça?.. Décidément cet éléphant-là n'a pas la trompe heureuse. Je le soupçonne d'avoir triché. (Il prend sa tabatière en soupirant et l'ouvre. Au moment de fourrer ses doigts dans la tabatière, il y trouve la trompe de l'éléphant.) Qu'est-ce que c'est que ça? Que le diable t'emp... que Brama te bénisse!.. (Montrant sa tabatière vide.) Il a tout pris.

MISSOURI.

Cazy, tu vas emmener ces femmes à la Pagode jusqu'au moment des fiançailles, et Kelly va annoncer au peuple la fête qui lui est donnée pour célébrer le couronnement et le mariage de Mohari.

THOMAS.

Il se mêle donc de tout, ce gros intrigant-là?.. Comment va-t-il faire son annonce?

MISSOURI.

A son de trompe.

THOMAS.

C'est juste.

(On apporte une longue trompette d'or à Kelly, qui sort en soufflant dedans. Cazy et les femmes le suivent.)

THOMAS, apercevant le bramine.

Mon autre cauchemar!

SCÈNE VIII.

THOMAS, OMICHOUD, MISSOURI, LE GRAND BRAMINE, DEUX CHEFS DE GUERRIERS, QUATRE BRAMINES INFÉRIEURS.

LE GRAND BRAMINE.

Magnanime Mohari, la protection de Brama s'étend visiblement sur toi.

THOMAS, tremblant.

Tant mieux bramine, tant mieux; ça commence pourtant bien mal.

LE GRAND BRAMINE.

Tes fidèles guerriers ont découvert la retraite des misérables qui conspiraient contre ta puissance.

THOMAS, bas à Omichoud.

Elle est jolie ma puissance!

LE GRAND BRAMINE.

Ils vont paraître devant toi, et c'est du haut de ton trône, rajah, que ta justice doit prononcer.

THOMAS, à part, en allant s'asseoir.

Quelle journée! quelle journée!

SCÈNE IX.

LES MÊMES, CATHERINE, DJELMI, NADIR; GARDES.

(Ils sont enchaînés, et chacun d'eux est conduit par deux gardes.)

CATHERINE avant d'entrer.

Mais laissez-moi donc tranquille, méchans marabouts! je vais lui parler, moi, à votre rajah!

THOMAS.

Une femme qui crie... ça doit doit être la mienne.

OMICHOUD, bas.

Oui, maître, c'est bonne Catherine.

THOMAS.

Par Saint-Crépin! il ne me manquait plus que ça! Si elle me reconnaît... Brama va me rappeler... c'est sûr.

LE BRAMINE à Catherine et à Djelmi.

Approchez.

CATHERINE, repoussant les nègres.

A bas les pattes, marabouts! je suis assez grande pour marcher toute seule.

THOMAS.

Où mettre ma figure, mon Dieu!

(Omichoud lui passe un écran.)

CATHERINE.

Où est-il votre rajah? il ne me fera pas peur, à moi.

THOMAS, à part.

C'est elle qui me fait peur.

CATHERINE.

Ah! mais... c'est que...

MISSOURI, à Catherine.

Tais toi.

CATHERINE.

Me taire!

THOMAS, à part.

Oui, tâchez d'obtenir ça.

CATHERINE.

Me taire!

MISSOURI.

Sinon on te coupera la langue.

CATHERINE.

Me couper la langue!

THOMAS, à part.

Je n'vois guère d'autre moyen...

CATHERINE.

Me couper la langue!.. J'aime mieux qu'on me tue tout de suite.

NADIR, bas à Catherine.

Rassure-toi, Hissen et Madoura sont libres; ils veilleront sur nous.

LE BRAMINE.

Silence!... Sublime rajah, cette femme et ces enfans ont été saisis aux environs de la grotte de Beckanir. L'un de ces deux enfans est celui qu'on prétend faire passer pour le fils de Mohadir, et qui en veut à ton trône.

THOMAS, à part.

Je ne lui en veux pas.

LE BRAMINE.

C'est à toi de prononcer leur arrêt de mort.

THOMAS, sautant sur son trône.

De mort!

MISSOURI, bas.

Sans retard!

THOMAS, vivement.

Plus tard!

LE BRAMINE.

Hein?

THOMAS.

Mon ministre a dit plus tard. Ces enfans seront conduits en prison... et cette femme... dans mon sérail.

CATHERINE.

Au sérail... au sérail... moi!... Mais je suis une honnête femme, entendez-vous!

THOMAS.

Pauvre Catherine !... elle a peur pour sa vertu...

CATHERINE.

Je ne sais pas ce qu'on a fait de mon pauvre Thomas... mais certainement je ne le ferai pas... Vous ne connaissez pas le mot dans ce pays-ci.

THOMAS, se levant avec transport.

Très bien, Catherine, très bien.

CATHERINE, se retournant.

Hein ?

THOMAS, poussé par Missouri, retombe sur son trône.

J'ai manqué me trahir.

(Dans son trouble, il veut prendre sa pipe et met la main sur le réchaud.)

MISSOURI.

Emmenez cette esclave !

CATHERINE.

Une femme comme moi dans un sérail, et dans le sérail d'un magot pareil !

THOMAS, à part.

Magot ! Elle ne m'a pas reconnu.

(On entraîne Catherine d'un côté, et Djelmi et Nadir de l'autre.)

CAZY, entrant.

Sublime rajah ! tout est disposé pour la cérémonie du couronnement et des fiançailles.

THOMAS.

Les fiançailles... avec la vieille... Voilà les désagrémens qui vont recommencer,

(Thomas est placé sur un palanquin, et sort suivi de tout le monde.)

Cinquième tableau.

(Au premier plan, à droite, la prison.—Au deuxième plan, à gauche, l'entrée du sérail.— Deux fenêtres grillées. Au quatrième plan, une grille dorée.

SCÈNE I.

CAZY, ESCLAVES BLANCS ET NOIRS.

(Au changement à vue, — des gardes conduisent Djemi et nadir dans la prison, à droite, — d'autres gardes amènent Catherine, qui, toute en larmes, entre dans le sérail.

CAZY.

Allons, esclaves, dépêchez-vous de tout disposer ici pour la fête; notre sublime maître ne peut retarder à revenir de la pagode, et il ne faut pas qu'il attende.

(Les esclaves apportent des sièges, des tables dorées, des cassolettes et des vases. Ils placent un riche divan au premier plan, à droite.)

CAZY.

Je crois que le sublime rajah sera content de moi, la fête sera superbe : des danseurs chinois, des jongleurs, des lutteurs, des bayadères; si on avait brûlé les veuves, c'eût été complet. Voici le cortège : la fête va commencer.

SCÈNE II.

LES MÊMES, THOMAS, MISSOURI, RUBISCA, OMICHOUD, LE CORTÈGE.

Thomas et Rubisca marchent sous un riche parasol porté par un chef. Missouri les précède. Les bayadères, des esclaves nègres et blancs et des gardes les suivent.

MISSOURI.

Sublime rajah, pendant que tu vas présider à la double fête de ton couronnement et de tes fiançailles, je vais, moi, de concert avec le grand bramine décider du sort des prisonniers (A part.) et du tien?

(Il sort.)

THOMAS, à Omichoud.

Me voilà toujours débarrassé de celui-là ! si je pouvais me débarrasser aussi de ma vieille veuve !.. elle me tire l'œil. (Regardant la vieille.) Il n'est pas Dieu possible que mes douze femmes soient aussi laides que ça !

CAZY.

Te plaît-il, sublime rajah, que les danses et les jeux commencent ?

THOMAS.

J'aime mieux qu'on me serve à dîner, vu que je meurs de faim.

CAZY.

Il n'est pas encore l'heure, et tu as trop de piété pour manquer à la sainte loi du jeûne.

THOMAS.

Fais ce que tu voudras, alors, ça m'est bien égal... (A part.) Ah! si je n'avais pas si peur, comme je ferais bâtonner tous ces gaillards-là !

(Il va se rasseoir; la vieille lui fait de nouvelles agaceries; il lui tourne le dos.

BALLET. — TOURS, JEUX, LUTTES ET DANSES.

(A la fin du ballet des serviteurs apportent une table dorée couverte d'un riche tapis, et sur laquelle il y a trois couverts. Missouri entre en même temps).

SCÈNE III.

Les Mêmes, THOMAS.

THOMAS, se levant.

Ah! enfin, voilà donc la table! (S'approchant de la table.) Tiens, pourquoi avez-vous mis trois couverts?

CAZY.

Pour deux nobles convives que la loi t'oblige d'admettre le premier jour de ton règne, à ton premier festin.

THOMAS.

Ce sont donc des personnages bien puissans?

CAZY.

Les plus puissans de ton royaume. Les voici.

(On voit arriver les deux éléphans. L'un à droite, l'autre à gauche.)

THOMAS.

Comment, je vais dîner avec des éléphans?

CAZY.

C'est l'usage.

THOMAS.

Pourvu que ça ne m'ôte pas l'appétit!..

CAZY.

Vous êtes servis, Messeigneurs.

THOMAS.

A table... Bah! mieux vaut manger avec des bêtes que ne pas manger du tout. (Les deux éléphans arrivent et se mettent à table, vis-vis l'un de l'autre; les serviteurs leur attachent leurs serviettes autour du cou. Thomas occupe la place du milieu, face au public.) Voulez-vous me faire un peu de place, s'il vous plaît... Je n'ai jamais dîné en si haute compagnie... Esclaves... allons donc... (Un des éléphans sonne.) Merci... Il est aimable ce petit là... Les serviteurs présentent successivement plusieurs plats à Thomas; mais chaque éléphant, à son tour, prend ce qu'on place devant lui, au moment même où il veut y toucher. Thomas est furieux.) Et moi! Mais ils mangent tout, les voraces... je ne peux seulement pas attraper une bouchée... Voyons, à boire au moins.

(Au moment où il tend sa coupe, et où un esclave approche la bouteille, un des éléphans s'en empare et boit.)

THOMAS.

Ah! c'est trop fort!.. il n'y a pas moyen de vivre avec ces animaux-là!..

(Il se lève de table et jette sa serviette avec colère. Ici, les éléphans sont emmenés et on enlève la table. On danse autour de Kelly, qui prend des poses gracieuses, et il sort, tenant dans sa trompe les guirlandes des danseuses.)

OMICHOUD, présentant la pipe à Thomas.

Grand Mohari, fumer après son dîner?

THOMAS.

T'appelles ça un dîner, toi! Va-t-en au diable!..

SCÈNE IV.

Les Mêmes, MISSOURI.

MISSOURI.

Maintenant, sublime rajah, que ton dîner est fini, comme tu dois à ton peuple...

THOMAS.

Qu'est-ce que je lui dois encore, à mon peuple?..

MISSOURI.

L'exemple du courage, aussi bien que de la piété et de l'abstinence... L'usage veut que tu diriges en personne...

THOMAS.

Quoi?

MISSOURI.

Une grande chasse aux tigres!

THOMAS.

Une chasse aux tigres, bonté divine!.. et à jeun, encore. (A part.) Voilà mon coup de grâce!

MISSOURI.

Placé sur le dos de Kelly, tu n'as rien à craindre.

THOMAS.

Permettez, je n'ai pas encore assez l'habitude de monter sur ces choses-là.

MISSOURI, bas.

Il le faut.

THOMAS, à part.

Hum! s'il s'agissait de te chasser, toi!..

(On lui donne une pique, des serviteurs arrivent avec des lanternes, et des guerriers avec des lances, et on emmène Thomas qui suit piteusement ses gardes.)

SCÈNE V.

MISSOURI, SAAB, OMICHOUD, caché.

MISSOURI.

Nous voilà maîtres d'agir... Je vais prévenir le bramine... toi, va chercher tes hommes... Il ne faut pas donner le temps à Kelly de nous jouer quelque nouveau tour... Une fois débarrassés du petit Mohadir, nous serons tranquilles... car le rajah ne nous gênera pas longtemps.

(Ils sortent tous deux.)

SCÈNE VI.

OMICHOUD, DJELMI NADIR et CATHERINE.

OMICHOUD.

Oh! Djelmi perdu, si pas sortir bien vite de prison... Mais où l'ont-ils enfermé?

(Il va à la fenêtre grillée.)

NADIR.

Omichoud! Omichoud!

OMICHOUD.

Nadir!.. Et Djelmi... Ah! c'est toi, bon petit Djelmi... pas peur, pas peur, Omichoud veut te sauver.

NADIR.

Hélas! tu ne le pourras pas...

OMICHOUD.

Attends! attends!

(Il cherche les moyens de parvenir à lui et fait le tour du pavillon pour s'assurer qu'il n'y a pas d'issue.)

CATHERINE, à l'autre fenêtre.

Des verroux et des grilles partout; c'est une vraie prison, que leur sérail... Qui est-ce qui marche là?.. Ohé! petit!..

OMICHOUD, la reconnaissant.

Bonne Catherine!

CATHERINE.

Omichoud!.. Oh! tire-moi d'ici, mon garçon.

OMICHOUD.

Vous pas pressée... eux pas tuer vous.

CATHERINE.

Oh! je sais bien ce qu'il veulent, mais je ne veux pas...

OMICHOUD.

Djelmi mort si lui pas pouvoir fuir...

CATHERINE.

Pauvre petit... Sauve-le vite, alors.

OMICHOUD.

Pas moyen... fenêtre trop élevée, grille trop solide...

NADIR.

Que la volonté de Brama soit faite!

OMICHOUD.

Du bruit... Les assassins, venir bien sûr... (Courant au fond.) Non, c'est Kelly... Kelly qui vient délivrer toi.

(Kelly paraît dans le fond; il s'empare de la lance du garde qui fuit épouvanté, puis il se promène comme s'il l'avait relevé de faction.)

NADIR.

Ici, ici, mon bon Kelly... viens à mon aide!

(Kelly ouvre la grille et l'approche.)

CATHERINE.

Oh! le bel animal!

(Kelly est au pied de la prison, avec sa trompe il arrache les barreaux, puis se place de manière à ce que Djelmi puisse descendre sur son dos.)

CATHERINE.

Et moi!.. et moi!.. il y aura de la place pour deux.

OMICHOUD.

Vite, Kelly, toi partir... vite, bien vite... Le bramine et Missouri!..

(Kelly part au trot avec l'enfant au moment où Thomas et le cortège paraissent au fond avec les lanternes. Le grand bramine, Missouri et d'autres bramines entrent vivement en scène par la gauche. Ceux-ci courent à la prison, et, la trouvant démolie et vide, ils demeurent interdits. Catherine est à la fenêtre. Kelly reparaît au-delà de la grille, portant une grande lanterne avec sa trompe et Djelmi sur son dos.)

ACTE III.

Sixième tableau.

(Le théâtre représente un site sauvage dans la forêt d'Iglou. Au fond, le torrent de Siva qui tombe entre deux roches. A l'extrémité d'une de ces roches, un gros tronc d'arbre, dont la foudre a abattu et brûlé le branchage. Au premier plan, à droite, un gros palmier, et un banc de pierre, recouvert de mousse.

SCÈNE I.

(Au lever du rideau, il fait nuit. Zédha paraît portant cinq esclaves blancs et noirs. Il s'arrête et se couche au milieu du théâtre. Un des esclaves se détache pour aller à la découverte. Les autres, assis sur le dos, sur le cou et entre les jambes de l'éléphant couché, mangent, boivent. Celui qui avait été à la découverte revient et dit aux autres qu'il faut partir. L'éléphant se relève. Un des esclaves est ivre, on ne peut parvenir à le réveiller, et l'on part sans lui avec l'éléphant.

SCÈNE II.

OMICHOUD, DJELMI, NADIR, L'ESCLAVE couché, et KELLY.

(Omichoud entre d'abord, et après avoir été jusqu'au torrent, il retourne à la coulisse, et fait signe à Kelly d'approcher. L'éléphant, portant Djelmi et Nadir, entre et passe sur l'esclave endormi sans le toucher, puis il se retourne et relève cet homme avec sa trompe. L'esclave remercie Brama, puis Kelly, et s'éloigne.)

NADIR.

Pauvre homme ! je l'ai cru mort !..

OMICHOUD.

Oh ! Kelly bien vu de suite que lui pas ennemi de bon Djelmi, et pas vouloir faire mal.

NADIR.

Où sommes-nous, ici ?

OMICHOUD, montrant le fond.

Là, torrent de Siva... plus loin, grotte de Beckanir... Mais petit Djelmi trop fatigué... faut arrêter ici un peu.

(Djelmi fait signe qu'il veut continuer sa route.)

NADIR.

Il dit qu'il a encore des forces, et qu'il veut retrouver sa mère.

OMICHOUD.

La trouveras, la trouveras... Mais moi aller seul pour voir si Rosillas et méchans bramines pas cachés autour de la grotte pour prendre lui, et tuer pauvre petit.

NADIR.

Mais c'est toi alors, qu'il tueront, s'ils te prennent.

OMICHOUD.

Oh ! non, non, pas prendre, et puis égal de mourir, si enfant à bon Mohadir sauvé !.. Allons, restez ici, et reposer... n'est-ce pas, Kelly ?

(L'éléphant paraît comprendre ; et se met à genoux pour que Djelmi et Nadir puissent descendre.)

OMICHOUD.

Là, vois bien... Kelly bonne tête... penser comme moi.

(Il aide Djelmi et Nadir à mettre pied à terre.)

NADIR.

Merci pour nous deux, mon ami... (Montrant Djelmi.) Ah ! si le ciel lui rend sa mère, et si les prédictions du saint derviche Hissen se réalisent, tu verras que Djelmi n'est pas ingrat.

(Djelmi serre la main d'Omichoud en signe de gratitude.)

OMICHOUD.

Moi, besoin de rien, petit... quand toi, roi, et père Thomas détrôné, donneras cabane à nous, pour faire des babouches, et heureux comme avant... Toi, mets-toi ici, sur banc de mousse, avec Nadir... Kelly gardera, et moi revenir tout de suite... Adieu, adieu.

(Il s'éloigne après avoir fait signe à l'éléphant de bien veiller sur Nadir et Djelmi.)

SCÈNE III.

DJELMI, NADIR.

NADIR.

Eh bien ! mon bon Kelly, tu es bien content, n'est-ce pas, d'être avec ton petit Djelmi ?.. (A Djelmi.) Omichoud avait raison, tu parais fatigué... Et puis, tu dois avoir faim aussi, (Djelmi fait signe que oui.) Il y a bien là-bas des fruits... mais les arbres sont si élevés, nous ne pourrions les atteindre... Kelly peut-être... Oui, c'est ça... Kelly, mon bon Kelly... Djelmi a faim. (L'éléphant va cueillir une branche chargé de fruits, et l'apporte à l'enfant.) Oh ! que tu es bon, mon Kelly !.. Tiens, à nous trois... (Après le repas, Djelmi va s'asseoir et s'endort.) C'est singulier... le sommeil me gagne... Il fait si chaud !.. (Regardant Djelmi.) Il dort déjà, lui... Veille sur nous, Kelly, entends-tu, veille bien... (Il va s'asseoir près de Djelmi. On entend le tonnerre au lointain.) L'orage !.. heureusement, sous cet arbre nous ne serons pas mouillés... Je... Brama... protège nous !

(Il s'endort, l'orage augmente. L'éléphant abaisse avec sa trompe plusieurs longues et larges feuilles du bananier, et en forme une sorte de toit au-dessus de la tête des enfans ; puis il se promène comme une sentinelle, derrière l'arbre, et après deux tours, disparaît.)

SCÈNE IV.

LES MÊMES, LE GRAND BRAMINE, SAHAB, QUATRE ESCLAVES NÈGRES, puis KELLY.

LE BRAMINE.

Es-tu bien certain, Sahab, que ce soit de ce côté qu'ils aient dirigé leur fuite ?

SAHAB.

Ogib a vu Kelly... Il portait encore les deux enfans, et était guidé par un jeune esclave, que Missouri croit secrètement dévoué au misérable étranger qui règne aujourd'hui sur Nagpour.

LE BRAMINE.

Qui règne, oui, comme régnera bientôt Missouri lui-même... J'avais donné ordre de se servir de Zédba, pour suivre la trace de Kelly.

SAHAB.

Zédba lui-même a disparu de la pagode, peu d'instans après la fuite de l'éléphant sacré, et on ne sait ce qu'il est devenu... Mais je ne me trompe pas...

LE BRAMINE.

Qu'est-ce donc ?

SAHAB.

Là-bas... endormis sous cet arbre... Oui, c'est Djelmi et Nadir...

LE BRAMINE.

Djelmi !.. Et c'est bien ce Djelmi qu'Hissen veut présenter au peuple comme fils de Mohadir ?..

SAHAB.

C'est lui.

LE BRAMINE.

Qu'il meure donc, ou nous sommes perdus nous-mêmes. (Donnant un poignard à un nègre.) Tiens, frappe ! (Le nègre hésite.) Frappe, te dis-je, au nom de Brama, je te l'ordonne !

(Le nègre s'approche de Djelmi et va le frapper, quand Kelly paraît, saisit ce misérable avec sa trompe et l'emporte dans la coulisse du côté opposé. Le bramine, Sahab et les autres nègres fuient épouvantés. — L'orage augmente, les éclairs se succèdent rapidement. Un énorme serpent noir descend du haut de l'arbre et va atteindre Djelmi, quand un coup du tonnerre le réveille en sursaut.)

NADIR, poussant un cri.

Ah !.. un serpent noir !.. Djelmi, Djelmi, nous sommes perdus !

(Le serpent a continué à descendre et poursuit Djelmi et Nadir jusqu'au torrent. Au moment où Djelmi arrive au milieu du pont, ce pont s'écroule, et Djelmi tombe dans le torrent. Omichoud accourt, attiré par les cris de Nadir.)

SCÈNE V.

DJELMI, NADIR, OMICHOUD, puis KELLY.

OMICHOUD.

Ah ! malheur ! malheur !.. Kelly !.. moi, pas nager... lui, perdu !.. Kelly ! Kelly !.. sauver l'enfant !.. Là... là... dans gouffre de Siva !

(Kelly s'approche du torrent, et en retire Djelmi avec sa trompe.)

OMICHOUD.

Sauvé ! sauvé !

DJELMI, revenant à lui.

Ma mère !..

NADIR, à Omichoud.

Il a parlé !.. Brama pardonne... Ah ! que sa mère sera heureuse !.. (On entend les clairons.) Quel est ce bruit ?

OMICHOUD, qui a couru voir.

Rosillas, bramines, venir de tous côtés... Vite Kelly, vite !.. fuir encore !

(Kelly se met encore à genoux, pour recevoir l'enfant sur son dos ; puis il abat, avec sa trompe, l'arbre qui est sur le bord du torrent et en fait un nouveau pont, et sort par la droite. Au même instant, le grand bramine, Sahab, d'autres bramines et des guerriers entrent par la gauche, avec des torches et des armes, et s'arrêtent stupéfaits, en voyant Zédba traverser le pont en courant.)

Septième tableau.

(La salle du trône du palais du rajah. Au fond, une colonnade fermée par des draperies. A droite, un trône. Dans le dossier du trône, une porte secrète. Sur l'estrade, de riches coussins. A gauche, un grand coffre très riche, servant d'entrée au caveau du trésor, et plusieurs autres coffres richement ornés.)

SCÈNE I.

ESCLAVES ; puis OMICHOUD, CATHERINE.

(Au lever du rideau, des esclaves apportent une petite table richement servie, et sur laquelle il n'y a que deux couverts. Ils placent cette table près des marches du trône, ils approchent des sièges, puis ils sortent. Omichoud, pendant ce temps, a ouvert la porte secrète cachée derrière le trône, mais il l'a refermée en voyant ces gens. Quand ils sont partis, il l'ouvre de nouveau et paraît sur le marche-pied du trône avec Catherine, habillée en odalisque.)

OMICHOUD.

Par ici, bonne Catherine... toi suivre Omichoud...

CATHERINE.

Où me conduis-tu donc ?.. Oh ! c'est superbe, tout ça ! (Apercevant une table dressée.) Dis donc, est-ce que c'est la salle à manger ?

OMICHOUD.

Non... salle du trône et trésor du rajah...

CATHERINE.

Pourquoi m'amène-tu ici, alors?

OMICHOUD.

Pour sauver toi encore et bon père Thomas!

CATHERINE.

Thomas! ils l'ont donc pris aussi, les coquins?

OMICHOUD.

Oui... quand Djelmi rendu hier à Madoura, derviche Hissen a dit à Omichoud comment rentrer avec Kelly dans le palais, et donné ordre de sauver tout de suite Catherine et le rajah...

CATHERINE.

Le rajah... mais je n'en veux plus, moi, de ton rajah!

OMICHOUD.

Mais pas le faute à père Thomas, si lui rajah.

CATHERINE.

Hein? comment dis-tu ça? Thomas, rajah!..

OMICHOUD.

Oh! trop long à dire... toi savoir plus tard.

CATHERINE.

Ainsi, le magot d'hier, c'était mon homme.

OMICHOUD.

Oui... et lui bien triste d'être rajah, comme ça!..

CATHERINE.

Je crois bien... se voir séparé de sa pauvre femme!

OMICHOUD.

Oh! pas pour ça.

CATHERINE.

Plaît-il?

OMICHOUD.

Lui, autres femmes.

CATHERINE.

Il a pris une autre femme?

OMICHOUD.

Oh! non... douze.

CATHERINE.

Douze femmes!.. Le monstre!.. où est-il, où est-il?..

OMICHOUD.

Lui revenir ici bientôt du sérail... et quand sera seul, bien seul, bonne Catherine l'embrasser.

CATHERINE.

L'embrasser!.. par exemple, je le battrai, je l'égratignerai, je lui arracherai les yeux!.. le scélérat!.. Un sérail!.. un sérail à monsieur Thomas! un homme marié!.. Un sérail, je vous demande un peu pourquoi? Et quand je pense que c'est à son intention qu'on m'a attifée de l'uniforme de l'endroit... qu'on m'a mise en odalisque!.. Un costume d'un clair que j'en rougis, quoi!.. Viens, viens tout de suite, faut que je l'étrangle!

OMICHOUD.

Mais non... pas de colère, pas de bruit... si lui connu, tué tout de suite.

CATHERINE.

Comment?

OMICHOUD.

Chut!.. quelqu'un venir là, dans la galerie...

CATHERINE.

Ah! le cœur me bat, et la main me démange! Est-ce lui?

OMICHOUD.

Oui... mais pas seul... cacher, cacher vite... et puis venir quand les autres partis.

CATHERINE, se laissant entraîner.

Oui, allons-nous-en... mais sois tranquille, va, il ne perdra rien pour attendre!

(Elle suit Omichoud qui referme vivement la porte secrète quand Thomas paraît.)

SCÈNE II.

CATHERINE, cachée; THOMAS, CAZY.

CAZY, montrant la table.

Tu vois, seigneur, qu'on a exécuté tes ordres.

THOMAS.

Oui, le couvert est mis... c'est bien, je suis content. (A part.) J'ai essayé d'avoir du caractère et ça m'a réussi. (Haut.) Ah ça! mais ce n'est pas tout, je ne veux pas souper seul... je veux mes douze veuves... c'est-à-dire, non... mes onze veuves... j'en supprime une... la doyenne, je te la donne...

CAZY.

Mais...

THOMAS.

Silence!.. qu'on les amène toutes les onze... je choisirai moi-même, cette fois-ci.

CAZY, fait un signe à un esclave qui sort.

Seigneur, faut-il amener aussi la femme que tu as fait conduire au sérail?

THOMAS, à part.

Catherine !.. elle ferait un beau tapage !.. (Haut.) Hum !.. non, c'est aujourd'hui dimanche, je garde celle-là pour vendredi... Eh bien ?

CAZY.

Seigneur, tes ordres sont exécutés... voici les veuves demandées...
(On les amène.)

THOMAS.

Très bien !.. va-t-en !

CAZY.

Mais...

THOMAS.

Si tu raisonnes, je te chasse ; car décidément je te trouve trop laid, même pour ton emploi... Ah ! fais-moi chercher Omichoud, mon porte-pipe.

CAZY.

Personne ne sait où il est, depuis hier, sublime rajah !

THOMAS, l'imitant.

C'est pour ça que je t'ordonne de le chercher... sors, et ne laisse plus entrer ici... (Très haut.) Je n'y suis pour personne. (Cazy sort.) (A part.) Tant que je n'ai affaire qu'à ce Cazy-ministre !.. je parle haut... quand je mêle le bramine et ce sournois de Missouri s'en mêlent, je ne peux plus trouver une parole... heureusement, ils me laissent tranquille... et je vais profiter de ça pour faire un petit souper... de sultan...

(Il se place sur un coussin. Sur un signe de lui, les onze veuves s'approchent et forment un groupe autour de lui. N'entendant plus rien, Catherine entr'ouvre la porte.)

SCÈNE III.

LES MÊMES, CATHERINE.

CATHERINE.

Il a dit : je n'y suis pour personne... Il doit être seul... Qu'est-ce que je vois là ?..

(Elle se cache à moitié derrière la draperie.)

THOMAS.

Maintenant, mes petits amours, nous allons causer tout à notre aise. Voyons, laquelle de vous soupera aujourd'hui avec son petit mari, hein ?

CATHERINE, à part.

Attends, attends, je te ferai souper, va, moi !

THOMAS, à une des veuves.

Tiens, toi, tu me plais... Comment te nommes-tu ?

LA VEUVE.

Zily.

THOMAS.

Zily ! Diable, ton nom est presqu'aussi joli que toi.

CATHERINE.

J'étouffe !

THOMAS.

Place-toi là, près de moi, essence de rose... Quant à vous, mes jolis colibris, pour ne pas rester à rien faire, si pendant que nous souperons, vous vous amusiez à danser, ça me serait agréable.

CATHERINE, à part.

C'est toi qui vas danser tout-à-l'heure !

(Deux des veuves ont des lyres d'or, les autres composent des groupes gracieux.)

THOMAS.

C'est délicieux ! (A part.) Ah ! si Catherine était là, elle en ferait une maladie, bien sûr... Pauvre femme, va ! (Catherine lui donne un soufflet.) Aye !

(Les danseuses s'arrêtent et s'approchent pour savoir ce qu'il a.)

THOMAS.

Ne faites pas attention, ce n'est rien... seulement, j'avais cru entendre tomber quelque chose... Voyez donc un peu là-bas... Toi aussi, Zily.

(Toutes les femmes vont regarder dans le fond et à toutes les portes.)

THOMAS, à part.

Il me semble que c'était une main de connaissance... (Il soulève la draperie.) Ma femme ! J'ai vu le diable !

CATHERINE.

Voilà donc comme tu t'affliges de mon absence, scélérat !

THOMAS.

Chut !

CATHERINE.

Tu vas me faire le plaisir de renvoyer toutes ces pic-grièches là, j'espère !

THOMAS.

C'est impossible, ma chère amie, ça serait malhonnête.

CATHERINE.

Veux-tu que je m'en charge, moi ?

THOMAS, faisant retomber la draperie.

Non, non, ce n'est pas la peine. (A part.) Quel dommage, ça allait si bien ! (Aux veuves qui reviennent.) Mes petites biches... je suis désespéré... mais c'est... une communication de Brama que je viens de recevoir... un objet assez triste que j'avais oublié et dont il faut que je m'occupe à l'instant... Vous pouvez vous retirer.

(Les femmes paraissent contrariées et s'éloignent en le regardant avec inquiétude.)

SCÈNE IV.

CATHERINE, THOMAS.

THOMAS.

Pauvres petites! elles sont furieuses!

CATHERINE.

Et moi donc, est-ce tu crois que je ne le suis pas, par hasard?.. libertin, débauché.

THOMAS.

Pas si haut... si on t'entendait!..

CATHERINE.

Pourquoi donc que je me gênerais?.. Puisque tu es rajah!.. je dois et veux être rajahte!

THOMAS.

Mais...

CATHERINE.

Je veux m'asseoir avec toi sur le trône, je veux régner avec toi, souper avec toi... Enfin, je veux rentrer dans tous mes droits, et pour commencer, soupons... la colère m'a rendu l'appétit.

THOMAS.

La voilà qui s'attable!.. Quelle bonne idée j'ai eue de défendre ma porte!.. (Ici, Missouri entre.) Miséricorde!.. mon ministre!

SCÈNE V.

LES MÊMES, MISSOURI.

MISSOURI.

Que vois-je!

THOMAS.

Je suis pincé!

CATHERINE.

Tiens! c'est le gros vilain qui voulait me faire couper la langue!

THOMAS, bas.

Tais-toi donc! c'est mon ministre.

MISSOURI.

Quelle est cette femme?

CATHERINE.

Cette femme?.. Il ne sait donc pas à qui il parle!.. Eh! dites-donc, là-bas, je suis madame la rajahte, entendez-vous!.. Et si vous n'êtes pas plus poli, vous vous ferez supprimer, mon cher!

THOMAS.

Qu'est-ce qu'elle dit?

CATHERINE.

Quand les apprentis de mon homme me man-quent de respect, je les flanque à la porte... Et si vous m'ennuyez, vous aurez du balai, mon gros.

THOMAS.

La voilà partie!

MISSOURI, furieux.

Rajah!.. comment n'as-tu pas ordonné déjà la mort de cette femme?

THOMAS.

Permettez...

MISSOURI.

M'insulter, moi, ton ministre... ton successeur!

THOMAS.

Oui... elle a tort.

CATHERINE.

Qu'est-ce que tu dis?.. j'ai tort... moi?

MISSOURI.

Je veux que cette femme soit... brûlée vive!..

THOMAS.

Ah! un moment, Missouri!.. Vous mettez trop de feu dans la discussion!

CATHERINE.

Vous croyez donc que je me laisserait faire?.. Mais je ne suis pas une poule mouillée, comme mon rajah de mari, moi!..

THOMAS.

Qu'appelez-vous poule mouillée?.. Je sais me montrer quand il le faut, entendez-vous?.. Ah! mais c'est que le sang me monte aux oreilles, à la fin!

CATHERINE.

A la bonne heure!.. Tu es le maître ou tu ne l'es pas!

THOMAS.

On m'a dit que je l'étais.

CATHERINE, appuyant.

Tu l'es.

THOMAS, appuyant plus fort.

Je le suis!

MISSOURI.

Sans doute! mais ton devoir est de faire justice.

THOMAS.

Dans ce cas, j'aurais dû déjà te faire pendre, toi!

MISSOURI.

Pendre!

THOMAS.

Pour attentat à mes jours!.. Oui, il a voulu me faire mourir de faim... rien que ça!.. Mais je ne veux pas la mort du pécheur, moi, je me contenterai de le destituer... Je te destitue, ministre.

MISSOURI, à part.

Oh! si je ne me retenais!..

CATHERINE, bas.

C'est ça... ferme!.. Tu vois comme il file doux!

THOMAS.

Et puis, comme je ne peux pas tout faire par moi-même, je te charge de donner, à ma place, l'exemple de la tempérance... à mon peuple... Tu prendras donc pour ton compte mes huit jours de jeûne.

MISSOURI.

Oh!.. mais je...

THOMAS.

Brama le veut !!

MISSOURI, avec colère.

Rajah! tu oublies que tu parles à celui que tu dois, aujourd'hui même, désigner pour ton successeur.

THOMAS.

A propos de succession, j'ai encore fait une petite réflexion là-dessus. Une fois mon héritier, tu t'inquiéterais peut-être beaucoup trop de l'état de ma santé... Je te déshérite!

MISSOURI.

Cependant, ta promesse... Tu dois tenir ta promesse...

THOMAS.

Brama ne le veut pas!.. A présent, tu peux t'en aller... Mais avant, tu vas te prosterner devant madame, que je nomme ici rajahte et ma lune favorite... à perpétuité.

MISSOURI, à part.

Ah! c'est trop fort!..

(Bruit au dehors.)

THOMAS.

Qu'est-ce que c'est que ça?

MISSOURI, regardant à droite.

La foule qui envahit la place du palais.

THOMAS.

Je devine... c'est mon peuple qui veut me voir... Le fait est que je le néglige un peu, ce pauvre peuple!

MISSOURI.

Mais le grand bramine avait défendu...

THOMAS.

Oui, ton bramine voulait me tenir sous cloche, comme un... Mais ça ne prend plus... je m'insurge, je veux être rajah absolu... à présent! Viens, Catherine, allons nous montrer à nos fidèles sujets... Oh! là, esclaves!.. marchez devant et suivez-nous!... (Donnant la main à Catherine.) Oh! si on pouvait nous voir de la rue Tiquetonne!

(Il sort avec Catherine, suivi d'esclaves.)

━━━━━━━━━━━━━━━━━━━━━━━━━━━

SCÈNE VI.

MISSOURI, puis CAZY.

MISSOURI.

Comment, ce misérable fabricant de babouches veut jouer au tyran!.. Oh! que le grand bramine arrive, et il nous le paiera cher!... On vient... c'est lui, sans doute.

CAZY, tout effaré.

Ah! seigneur Missouri...

MISSOURI.

Qu'as-tu donc?.. le rajah t'a-t-il destitué aussi, toi?

CAZY.

Si ce n'était que ça!

MISSOURI.

Qu'est-il arrivé?..

CAZY.

Le grand bramine...

MISSOURI.

Eh bien?

CAZY.

Mort... foulé aux pieds... écrasé par Kelly...

MISSOURI.

Miséricorde!

CAZY.

Hissen s'approche de Nagbour, suivi de troupes nombreuses qu'il a rassemblées au nom de Djelmi, qu'il va faire reconnaître pour le fils de Mohadir... Le rajah est perdu!

MISSOURI.

Ça m'est bien égal!

CAZY.

Tout-à-l'heure, il s'est présenté au peuple avec sa favorite... mais il a été fort mal accueilli, et quand je suis parti, la foule lui jetait à la tête tout ce qu'elle avait sous la main.

MISSOURI.

Qu'il s'arrange... Mais cette foule nous ferait encore un plus mauvais parti, à nous!.. il ne faut pas l'attendre...

CAZY.

Vous avez raison ! allons-nous-en !

MISSOURI.

Oui... mais il faudrait au moins nous bien lester pour le voyage... Tu as la clef de ce coffre dont le fond s'ouvre sur le caveau du trésor...

CAZY.

Oui, seigneur.

MISSOURI.

C'est là que sont renfermées toutes les pierreries, les perles, faisons nos provisions pour la route...

CAZY.

Vous avez raison... Aidez-moi, car le couvercle de ce coffre est bien lourd à soulever.

(Il se mettent tous deux à soulever le couvercle.)

MISSOURI.

Descends, et prends-en pour deux.

CAZY.

Soyez tranquille...

MISSOURI.

Attends, non... je préfère descendre moi-même... je choisirai mieux... toi, tu feras le guet.

CAZY.

Oui, seigneur, dépêchez-vous.

(Missouri descend dans le coffre.)

MISSOURI.

Tiens !.. voilà déjà les perles.

(Il sort le bras du coffre et tend un petit coffre d'or à Cazy; au moment où celui-ci va le prendre, Kelly paraît et s'en empare. Cazy, muet de terreur, s'enfuit à toutes jambes.)

MISSOURI, même jeu.

Tiens... voilà les rubis... (Kelly s'empare également de ce second coffret.) Surtout mon petit Cazy, ne t'en vas pas sans moi, entends-tu ?.. Ah ! voilà le meilleur !.. la couronne !.. Tiens c'est pour moi, ça ! ah !..

(Au moment où il tend la couronne, il aperçoit Kelly; il laisse tomber la couronne et redescend vivement dans le coffre. Kelly en ferme alors le couvercle, et le charge de plusieurs objets massifs, puis il prend la couronne avec sa trompe et s'éloigne par la gauche.)

SCÈNE VII.

THOMAS, CATHERINE.

THOMAS, entrant vivement par la droite.

C'est une infamie !

CATHERINE.

Il est gentil ton peuple ! tiens, vois donc ce qu'il m'a jeté.

THOMAS.

Une patate !.. Oui c'est la pomme cuite du pays.

CRIS au dehors.

Mort au rajah ! mort à l'usurpateur !

THOMAS.

Les entends-tu, les enragés ! ils veulent nous tuer à présent; sauvons-nous !.. Pourvu que ce gros sournois de Missouri ne soit pas là pour nous couper la retraite !..

MISSOURI, dans le coffre.

Au secours ! au secours !

CATHERINE.

Qu'est-ce donc ?

THOMAS.

C'est lui... c'est son horrible voix... je la reconnais... Mais où diable s'est-il fourré ?

MISSOURI.

Ici ! ici !

THOMAS.

Dans le coffre du trésor... Il aura voulu me voler le coquin... et il se sera pris dans quelque piège... Eh ! bien ! qu'il y reste... Mais par où fuir, nous autres ?..

CATHERINE, montrant le trône.

Par cette petite porte secrète... viens vite...

THOMAS.

Allons, que Saint-Crépin nous conduise ?.. Adieu les grandeurs, et vivent les babouches !

(Au moment de sortir par la petite porte du trône, ils jettent un cri d'effroi; quelqu'un arrive par cette porte.)

SCÈNE VIII.

THOMAS, CATHERINE, OMICHOUD.

CATHERINE.

C'est Omichoud !

THOMAS.

Mon apprenti !.. tant mieux ! il partira avec nous.

OMICHOUD, les arrêtant.

Non, père Thomas, plus partir !

THOMAS.

Mais tu ne sais donc pas que mon peuple m'a lapidé !..

OMICHOUD.

Fait rien, fait rien.

THOMAS.

Comment, ça ne fait rien !

OMICHOUD.

Non, plus de peuple à vous... Djelmi, fils de Mohadir, Djelmi, vrai rajah... lui faire son entrée triomphale dans Nagpour avec Hissen et Madoura, et lui nommer père Thomas...

THOMAS.

Ministre ? Je refuse...

OMICHOUD.

Non... premier marchand de babouches de la cour...

THOMAS.

A la bonne heure ! ça me chausse mieux... Baboucheur de la cour !.. c'est encore une espèce de royauté qu'il me laisse là !.. il régnera sur les têtes, lui, et moi sur les pieds !

∞∞∞∞∞∞∞∞∞∞∞∞∞∞∞∞∞∞∞∞∞

Huitième tableau.

(L'entrée triomphale de Djelmi sur un char traîné par les deux éléphants. Au moment où le char approche du trône, Djelmi tend la main à Thomas. On ouvre le coffre, Missouri en sort épouvanté ; les gardes le saisissent. Tableau général.)

FIN.

Impr. de Mme DE LACOMBE, r. d'Enghien, 12.

En vente : Les 4 premiers volumes du RÉPERTOIRE DRAMATIQUE, formant la collection de l'année 1846. Ils sont ornés de portraits des principaux auteurs et acteurs. Prix : 6 fr. le volume.

PIÈCES DU RÉPERTOIRE DRAMATIQUE EN VENTE.

Titre	Prix	Titre	Prix	Titre	Prix	Titre	Prix
Le Corrézien, coméd. en trois actes	30	Sous une porte cochère, folie-vaud.	30	La Porte secrète, drame	40	Brelan de Troupiers	50
Miss Kelly, comédie en un acte	30	A la vie, à la mort, vaudeville	30	Juliette, comédie	40	Roquefinette	50
Le cheval de Créqui, comédie	30	La Mère Godichon, vaudeville	30	Reine Jeanne, opéra-comique	30	Paris dans la Comète	30
Bretœuil, comédie mêlée de vaud.	30	Les Trois cousines, vaudeville	30	Souvenirs et regrets	30	Les Comédiens Ambulants	50
Un Neveu, s'il vous plaît, folie-vaud.	50	L'Homme heureux	30	Flagrant délit	30	Trim, vaud.	50
La Grisette et l'Héritière, comédie	50	Un jeune caissier, drame	40	L'Amour en commandite	40	Les trois Polka, vaud.	40
La Belle Limonadière, coméd.-vaud.	50	Denise, drame	40	Brigand et Philosophe, drame	50	Fleur-de-Genet, com.-vaud.	60
Les Avoués en vacances, vaudeville	50	Mazagran, pièce militaire	40	Comte de Mansfeld, drame	50	Le père Turlututu, com.-vaud.	50
Au bal du monde, coméd.-vaud.	50	Un bal aux Vendanges de Bourgogne	30	Les Guêpes, revue	50	Le Chevalier de Grignon, com.	50
Les Trois Muletiers, mélodrame	50	Une Femme charmante, comédie	40	Ralph le bandit, mélodrame	50	Les Sirènes, vaud.	40
Frazoletta, comédie en trois actes	30	La Dame du second, vaudeville	30	Charlot, drame	40	Les Anglais en voyage	40
Le Lion du désert, en trois actes	30	Louisette, vaudeville	40	86 moins un, vaudeville	30	La Famille Grandval, drame	50
Ma Bête noire, vaudev. en un acte	40	Une Révolution d'autrefois, tragédie	40	Si nos femmes savaient, comédie	30	Le Tailleur de la place royale	50
L'Amour d'un ouvrier, drame	50	Le Meunier de Marly, comédie	30	Le Tailleur de la Cité, comédie	30	Les Quatre Fils Aymon	60
Le Rigaudon, drame en trois actes	50	Les Enfans d'Adam et d'Ève	40	Mme de Croustignac, vaudeville	30	Le Vampire, vaud.	40
Le Prince d'un Jour, vaudev. un acte	30	Misère et Génie, drame	50	Pauline, drame	40	Les Bédouines de Paris	50
Les Premiers armes de Richelieu, comédie en trois actes	30	Un Service d'ami, vaudeville	30	Montansier, vaudeville	30	L'École d'un Fat, com.	50
La Folle de Waterloo, drame	30	La Perruche, opéra-comique	30	Madame Camus et sa demoiselle	30	La Raison proposé	30
Le Marchand de Bœufs, drame	40	Les Merluchons, comédie	30	Les Bombé	30	Les Deux Perles, com.-vaud.	50
L'Élève de Presbourg, opéra-comiq.	50	En pénitence	40	Les deux Gentilshommes	50		
Un fiss de conscience, comédie	30	L'École du monde, comédie	50	Tyran d'une femme	30	Un Esclandage, com.	30
Gil seppo, drame en cinq actes	50	La Marchande de la toilette, comédie	30	Maître d'école	30	La Corde de Pendu, féerie	50
Les Pêcheurs du Tréport, vaudev.	40	Zeustta, opéra-comique, en 3 actes	50	Trois Heures	30	Une Parisienne, com.-vaud.	50
La Marjolin, comédie en un acte	30	Le nouveau Bélisaire, vaudeville	30	Le Pendu	30	Emma, ou Un Ange gardien	50
Le Paradis de Mahomet, vaudeville	50	Les Garçons de recette, drame	50	Un second mari	40	Point-du-Jour	50
Eve, drame lyrique	30	L'Autre, vaudeville	30	La Mère et l'Enfant se portent bien	40	La Marzurka	40
Par Darbois, drame en cinq actes	30	La Guerre d'Indépendance, drame	50	Le Conscrit de l'an 8	60	Le Chamboran	40
En scène, opéra en quatre actes	30	Jean-Bart, vaudeville	50	Les Deux Serruriers, drame	40	Mlle Lasfeur	40
La Première ride, vaud. en un acte	30	Marcellin, comédie-vaudeville	50	Mlle Sallé, comédie	30	Un Conte de Fée	30
Le Maquignons, vaud. en un acte	30	Iphigénie, comédie-vaudeville	50	Trois Étoiles	30	La Tête de Singe	30
Le Grand-Duc, proverbe	30	Jervis, drame	50	Lucrèce, comédie	40	Le Mannequin du Prince	50
L'An Quarante, revue en un acte	30	Dinah l'égyptienne, drame	50	Un grand Criminel, vaud.	50	Les voilà bien tous	40
La Famille Fanferluche, vaudeville	40	Rifolard, vaudeville	40	Les Amours de Psyché, pièce fant	50	Doquillon	40
Mignonne, comédie en deux actes	40	La Servante du curé, vaudeville	30	La Mère de la Débutante, com.	40	Le Bal d'enfans	50
Je m'en moque comme de l'an 40	30	Les Pareurs, vaudeville	30	Le Jetateur, comédie	30	L'Empire	50
Le Tremblement de terre de la Martinique, drame en cinq actes	50	La Calomnie, comédie	40	Le Père Triquefort, comédie	40	Les deux Césars	50
Les Iroquois, revue en un acte	30	Cyprien le Vendu, vaudeville	40	Job et Jean, vaud.	60	Le Lansquenet	30
Premier début de Dazincourt	30	Les Mystère d'Udolphe, vaud.	40	Les Blancs-Becs, com.-vaud.	50	L'École Buissonnière	30
L'Habit de grenadier, vaudeville	30	L'Honneur d'une femme, dra.	50	Jeanne-le-Breton, drame	60	Les sept Merveilles du Monde	50
Le Maître à jouer, comédie	30	Le Cent-Suisse, opéra-comiq	50	1841 et 1941, revue	30	Émile ou le Chien du contrebandier	50
Trois Épicières, vaudeville	30	La Grisette romantique, vaud.	40	Les Chevau-Légers, com. vaud.	50	Madame Panache	40
Un Souper tête-à-tête, comédie	30	Marco, comédie-vaudeville	40	Le sire de Baudricourt, com. vaud.	40	La Vie en Partie Double	50
La nui, comédie	30	La Croix de Malte, drame	40	Les Maçons, tab. popu.	40	L'Île de Robinson	30
Le Cardeur de matelas	30	La journée aux éventails, comédie	40	Gringalet, com. parade	40		
Deux Filles de l'air, puff en 2 actes	30	Mon Gendre! vaudeville	40	Cédric, drame héroïque	50		
L'Orangerie de Versailles, comédie	40	L'Opéra à la cour, opéra	40	Les Mémoires du diable, vaud.	60		
Le Mari de la Fauvette, vaudeville	30	Japhet, vaudeville	50	Mon Parrain de Pontoise, com.	50		
La Fille du régiment, opéra-com.	50	Bob, comédie	30	Richard-cœur-de-lion, op.-com.	50		
Le Dernier Oncle d'Amérique	40	La mort de Gilbert, drame	40	L'Audience secrète, drame	50		
Bianca Contarini, drame en 5 actes	50	Eudoxie, comédie	30	La veille de Wagram, drame	50		
Le Chevalier de Saint-Georges	40	Les Caprices, vaudeville	30	Le Tambour-Major, vaud.	40		
Les Roueries du marquis de Lansac	50	Montbailly, drame	40	Le Nourrisson, vaud.	40		
Le Lingere, opéra	30	La Grisette au vert, vaudeville	30	Les 2 Sœurs de charité, drame-v.	50		
L'Abbaye de Pommarck, drame	50	Le Chevalier de Korkaradec, vaud.	30	Fargeau le nourrisseur, com.-v.	50		
En fine, opéra-comique trois actes	50	Grisette de Bordeaux, vaudeville	40	Manelli le soldat, drame	50		
Viv'on du Tasse, scène en vers	40	Matelots et Matelottes, vaudeville	30	Ma Maîtresse et sa femme, com.-v.	40		
Les Pages de Louis XII, comédie	30	Mégan, comédie	30	Le Bonheur sous la main, c.-v.	40		
Attendre et Courir, vaudeville	30	La Fille de Jacqueline, comédie	30	Mystères de Paris, vaud.	40		
Delphine, drame-vaudeville, 2 ac.	30	L'Automate de Vaucanson, opéra-c	50	Chasse du roi, com.-vaud.	40		
Indiana et Charlemagne, vaudeville	30	L'Enfant prodigue, comédie-vaud.	50	Mariage au tambour, com.	40		
Le Dompteur de bêtes féroces	40	Le Mari de la Reine, comédie-vaud.	50	Buses Graves, parodie	40		
Francesco Martinez, drame	30	Treize à table, vaud.	40	Cuisines parisiennes, v. popu.	40		
Les Parents d'une danseuse, vaudev.	30	La perruquière de Meudon, vaud.	50				
La femme de Montmirail, pièce milit.	40	Le Mirliton, féerie	30	Les Nouvelles à la main, vaud	40		
Une femme sur les bras, vaudeville	40	Rosita, comédie-vaudeville	50	Trombone du régiment, vaud	40		
L'Enfant de la Pitié, drame	40	Toby le Sorcier, comédie-vaud.	40	Sur les Toits	40		
La Grand'Mère, comédie, trois act.	50	Trianon, comédie	40	Voyage en Espagne	40		

PIÈCES EN VENTE DE LA MOSAÏQUE.

Titre	Prix	Titre	Prix	Titre	Prix
Une Chambrée de Savoyards	30	Mazarin, comédie	30	Les Noces de Jocrisse, fo. vaud.	40	Un ménage de garçon, com.-vaud.	40
L'Homme qui tue sa femme	40	Le Lierre et l'Ormeau	40	Un Secret de femme, dra.-vaud.	40	L'Acte Mortuaire, drame	50
Le Garçon d'écurie	30	Dernier vœu de l'Empereur	30	La peur du mal, com.	30	Abd-el-Kader à Paris, vaud.	50
La descente de la Courtille	40	Premières et dernières amours	40	L'Opium et le Champagne, chinoi.	30	Jean de Bourgogne, drame	50
La paix ou la guerre	40	La belle Tournense	40	Letribun de Palerme, drame	40	Eloi l'Innocent, drame	30
Hassan, drame	40	Le Boulevard du crime	30	Qui se ressemble se gêne, c.-v.	40	L'Amour à l'aveuglette, vaud	30
Torino le savetier, drame	40	Anita la Bohémienne	40	L'Écuyer tranchant, com.	30	La mère Gigogne, vaud.	30
La Mère Saint-Martin, prologue	30	Le Bourreau des crânes	40	Les deux Joseph, com.-vaud.	40	La belle Françoise, vaud.	40
Le Retour de Saint-Hélène, à prop.	20	Les Bains à quatre sous	30	Les Comédiens et les Marionnettes	30	La Sainte-Catherine	40
Les vieilles amours	40	Mariette, drame	40	Les quatre quartiers de la Lune	50	L'École des Fauvettes	40
C'est ma chambre	30	Le Piège à loup	40	Les Fables de la Fontaine	40	Le Roi des Guguettes	60
Un premier ténor	40	Les Grisettes en Afrique	40	Au Vert galant, com.	40		
Le Docteur de Saint-Brice, drame	40	Le Début de Cartouche, com.-v.	30	Arlequin, pantomime	40		
Les Invalides, vaudeville	30	L'auberge de Chantilly, vaud.	40	Mon Rival, vaud.	40		
L'habit fait le moine	50	Benoît, drame	40	Farine et Charbon, com.	30		
Un jeu de dominos	30	Le Lazaret, vaudeville	30	Un Droit d'Aînesse, com.-vaud.	40		
L'Esclave	30	Une Leçon d'actrice, comédie	50	Un Rêve de mariée, com.-vaud.	40		

ON TROUVE A LA MÊME ADRESSE :

Titre	Prix	Titre	Prix	Titre	Prix
Le Corrégidor de Pampelune	40	Le Zéro	40	Les Jolies Filles du Maroc	50
Le Saut périlleux	50	Les trois Femmes	50	Mlle Bruscambille	40
L'Étudiant marié	50	Lady Henriette	50		
Un Miracle de l'Amour	50	Les Caravanes d'Ulysse	40		
Les Femmes et le Secret	50	Estelle et Némorin	50		

Chez le même éditeur, une édition de LA BIBLE, de Lemaistre de Sacy, 3 vol. in-8°, avec 60 grav. sur acier. Prix : 24 f.
Œuvres complètes de CAMILLE BERNAY, 1 vol. format Charpentier. Prix 8 fr.

Imp. de Mme de Lacombe, rue d'Enghien, 12.

www.ingramcontent.com/pod-product-compliance
Lightning Source LLC
Chambersburg PA
CBHW060514050426
42451CB00009B/974